体育教学的基本理论与训练实践探究

鲁松涛　王　悦　著

河北大学出版社

出 版 人：刘相美
责任编辑：李丽华
装帧设计：张彦琪
责任校对：姚萌萌
责任印制：常　凯

图书在版编目（CIP）数据

体育教学的基本理论与训练实践探究/鲁松涛，王悦著. --保定：河北大学出版社，2024. 8. --ISBN 978-7-5666-2468-0

I. G807. 4；G808. 1

中国国家版本馆 CIP 数据核字第 2024VH1859 号

出版发行：河北大学出版社
地址：河北省保定市七一东路 2666 号　邮编：071000
电话：0312-5073019　0312-5073029
邮箱：hbdxcbs818@163.com　网址：www.hbdxcbs.com
经　　销：全国新华书店
印　　刷：涿州市般润文化传播有限公司
幅面尺寸：787mm × 1092mm　1/16
印　　张：12.375
字　　数：152 千字
版　　次：2024 年 8 月第 1 版
印　　次：2024 年 8 月第 1 次印刷
书　　号：ISBN 978-7-5666-2468-0
定　　价：30.00 元

如发现印装质量问题，影响阅读，请与本社联系。
电话：0312-5073023

前言

随着社会的发展，我国的教育水平不断提高。“健康中国”和“全民健身”的战略使高校体育越来越受到重视，有了长足的发展。高校体育教师逐渐意识到体育与体育教学的密切关系，只有体育与体育教学相互促进，并且把体育与体育教学有机地结合起来，才能保证体育教学的效果，提高体育教学的质量和水平。

体育作为教育环节中不可缺少的一部分，对促进学生全面发展起着非常重要的作用。因此，体育教师一定要让学生明白体育训练的重要性，在教学中发挥学生的主导作用，采用趣味与训练相结合的教学模式，让学生充分感受到体育的乐趣，将教学理论与训练实践相结合，使学生具有健全的人格和强健的体魄。体育教学的根本任务是运用各种专业性的方法和多样化的手段使学生的各器官系统机能水平和身体形态获得全面的提升，整体提高学生的运动素质，使学生掌握先进的运动技术，为发展专项运动素质和技能创造有利条件。

在本书的撰写过程中，笔者查阅了大量的国内外文献资料，吸收了很多相关的研究成果，借鉴了许多专家学者的观点，并且在此基础上形成了一家之言。由于个人能力有限，本书可能还存在很多不足之处，希望读者不吝赐教。

目　录

第一章　体育教学的理论概述

体育教学是学校教学的重要组成部分，对体育教学进行研究，首先要对体育教学的基本知识有所了解，只有以此为前提，才能保证体育教学研究的科学性和实用性，才能促进体育教学的发展。

第一节　体育教学的概念与性质

一、体育教学的概念

体育教学作为多个学科教学的一种特定方式，要想对其有更深入的了解，首先需要掌握与教学相关的基础知识，并且对教学的根本意义进行详细分析，这是理解体育教学的关键。

（一）教学的基本含义

“教学”被定义为一种持续变化的活动，它涉及教育者对特定学科或技能的有组织、有策略的教学实践。对于教学的定义，我们可以从宏观和微观两个维度进行详细探讨：从一个更广泛的视角来看，教学可被视为一种独特的教育过程，即教育者针对一种或多种文化背景向学习者传授知识，希望学习者能够理解并接受这种文化知识。其中，教师是那些掌握特定知识或技巧的个体，他们与受过教育的人一同组成了教学的核心。从微观的角度来看，教学可被视为教师直接教授和学生学习的过程。在此过程中，教师扮演着教学的指导者、组织者及知识的传递者的角色；学生不仅是教学过程中的“接受者”，还是主要参与者。简单来说，教学是一种针对特定文化背景的教与学的活动。

总的来说，教学是一种教育活动，需要教师和学生共同参与，并且为了实现特定的教学目标相互合作。

（二）体育教学的概念分析

体育教学与其他类型的教学一样，都需要一个系统化的组织和管理体系。体育教学也与其他学科的教学有所不同，它对教学环境的要求更加严格，需要完善的设备和教学场所。因此，体育教学不应被视为一种随心、随性的教学行为，更不能简单地将其视为课余时间的休闲和娱乐活动。它需要多个要素的组合才能以正常、合理、科学的方式进行。

从根本上说，体育教学主要是在学校环境中进行的，主要的参与者是体育教师和学生。其具体的活动内容是学生在教师的组织和指导下，对与体育相关的基本知识、运动技能、运动素养进行了解、掌握和提高。其教学的目的是促进学生的身心健康发展，完善学生的个性心理特点，提高学生的社会适应能力，使他们成为社会需要的人才。

在体育教学活动中，体育教师需要在深入了解和掌握体育教学理念的前提下，将这些教学观念与体育相关的专业知识相融合，从而构建全新的教学内容和相应的教学方法。

二、体育教学的性质

事物的性质决定了它与其他事物之间最基本的差异，具有不同性质的两类事物所展现的外观自然存在差异。体育教学与其他学科教学之间最基本的不同之处在于体育教学本质上具有特定的教学属性。这一体育教学特性赋予了它以下几个显著的特点：

其一，体育教学的教学地点多为户外，但现代体育教学通常在室内场馆进行。

其二，教学中，师生都要承受一定的运动负荷和心理负荷。

其三，教学过程是身体活动与思维活动的结合，并且还有比较频繁的人际交往。

其四，体育教学侧重于发展学生的身体时空感觉及运动智力。

其五，教学更加关注学生的自我操作和体验等。

在现代体育教学中，最核心的方式无疑是对体育运动技能的教授，这也是体育教学的核心方法。在体育教学和其他学科教学中，传授运动技巧是一个显著的差异。在体育教学过程中，学生要想完全掌握体育运动技能，需要经历几个关键的教学阶段，包括认知阶段、联系阶段和完善阶段。具体而言，在这些阶段中，学生与体育运动技能的联系是最紧密的。这一阶段的教学目标主要是让学生对所学技能的各个方面，如结构、要素、关系、力量和速度等，有一个表象化的认识。从这个角度来看，体育运动技能仅仅是一种帮助学生提升身体素质和完成技术动作的手段。因此，运动技术并不具备人的特质，更多的是一种“操作性知识”。

经过上述探讨，我们可以明白体育教学的核心是“专注于运动技巧和知识的传授”。在这种教学模式下，学生不仅掌握了体育运动的基础知识，还能将其转化为实际的运动技巧，从而实现体育教学的真正目的。

第二节　体育教学的特点与功能

一、体育教学的特点

（一）体育教学与其他学科教学的相似之处

体育教学作为教学活动的一种形式，与其他学科的教学有很多相似之处，这些共性主要体现在以下 3 个方面：

第一，无论是体育教学还是其他学科的教学，都是教师与学生之间的双向互动。在教学过程中，教师与学生之间经常进行各种类型的互动，包括语言交流和身体动作互动。在过去，这种交流主要是教师向学生传授特定的知识和技巧。而在现代教育环境下，教师需要更加重视从学生到教师的双向交流。

第二，无论是体育教学还是其他学科的教学，都是按班级进行的。在实际的教学活动中，班级的教学方式可能会因学生的需求而有所变化，如学生入学时选择的自然班或基于兴趣选择的单项班等。

第三，无论是体育教学还是其他学科的教学，其核心目标都是向学生教授特定的知识或技能。

（二）体育教学的特性

体育教学还具有自己的特性，主要体现在以下 8 个方面：

1. 教学环境的开放性

体育教学主要是在户外进行。目前，我国各级教育机构的体育教学大多集中在体育实践课程上，由体育教师组织的大部分体育活动主要是在学校的操场上进行的。体育教学与其他学科主要在封闭的教室或实验室中进行的教学方式不同，它的教学空间具有更大的变化性，并且环境更加开放。

鉴于当前体育教学环境的开放性特点，体育教学需要满足与室内教学不同的特定需求，所以在进行体育教学活动时，应特别注意以下 3 个方面：

其一，体育课通常在操场上进行，所以会受到多种因素的干扰，如天气、地形、周围设施和噪声等，使体育教学的组织管理变得更加复杂，需要精心设计和统筹安排体育教学的组织形式、教学步骤和方法。

其二，户外体育教学是一个持续变化的过程，学生在大多数时间里都在经历各种形式和变化的体育活动，而当班级中的学生数量较多时，教师可以选择分组的方式进行教学。

其三，鉴于某些学校在体育基础设施方面存在的不足，体育教师应当给予学生安全教育足够的重视。

（二）教学过程的直观性

体育教学的过程具有明显的直观性。这种直观性主要在教学讲解、示范展示及教学组织管理 3 个关键环节中得到体现。

1. 教师在解释教学内容时展现了直观的特质

在体育教学过程中，教师在解释体育教学内容时，不仅需要与其他学科的教师保持一致的讲解要求，还需要确保所使用的语言更加生动活泼，并且具备一定的肢体语言表达能力，以便能让学生感受生动、恰当和有趣的教学体验。特别是在一些技术动作较为复杂的体育教学场景中，教师不仅需要对教学的重点进行详尽阐述，还需要用生动和形象的方式将这些复杂的技术动作简明扼要地解释，以便学生能更容易地理解和掌握。

2. 教师在展示体育动作技巧时往往展现直观的风格

在体育教学中，每个体育项目的教学都涉及技术动作或战术配合，为了加深学生的理解和认识，教师需要进行动作示范和实践演示。当采用示范法进行教学时，教师需要展示非常直观和形象的动作，包括正确和错误的动作演示。只有将这些演示清晰地呈现在学生眼前，没有任何的艺术处理或变形，学生才能直观地感知动作的正确和错误，从而帮助他们建立准确、清晰的运动表象。当学生形成了正确的动作认知后，他们可以结合教师的指导，积极思考，从而更深入地理解体育的知识、技巧和方法，从而提高他们的身体素质和运动表现。

3. 教师在体育教学的组织和管理方面表现明显的直观特质

在体育教学过程中，教师与学生之间的互动非常频繁，双方的关系也更加和谐，教师对学生的组织和管理更具直观性。如果教师能够更有责任感、更充满活力并身体力行，那么不仅对学生的身心能够产生无形的教育效果，还有助于教师更好地观察和帮助学生，更好地掌控教学过程，为学生创造一个轻松愉快的教学环境。这样，学生在教学过程中的言行将成为他们最真实的一面，有助于体育教师获得准确的教学反馈并及时解决出现的问题。

（三）人际关系的多边性

在体育教学过程中，人与人之间的交流是至关重要的，这种交流在体育教学中展现了多元性。现代体育教学的组织方式主要是在单人、双人、小群体和全班之间进行不断的转换，要求学生在不同的时间和空间内完成不同的身体运动，不断地改变角色和位置，并且在彼此之间建立多种联系。因此，在体育教学过程中，教师与学生、学生与学生、小团体之间都存在着频繁且多种多样的人与人之间的互动。考虑到体育教学中人与人之间的复杂关系，体育教师可以采用各种策略与学生进行深入的交流和对话。他们还可以指导学生之间的合作、激励和评价，帮助学生在体育课堂上初步体验社交互动，培养他们的团队合作精神，增强他们的人际交往技巧。

（四）技能学习的重复性

当代体育教学应当鼓励学生积极参与体育活动，确保他们在身体和心理上都保持健康，增强他们在社会中的适应能力。体育教学的核心目标是帮助学生掌握各种运动技巧。为了实现这一目标，学生需要不断地学习和掌握一些运动技能。

运动技能的发展呈现明显的阶段性和规律性特点，它的形成可被大致划分为4个主要阶段，分别是动作分解的练习阶段、动作连贯的练习阶段、连贯动作的独立完成阶段及连贯动作的熟练完成阶段。如果学生想要精通运动技巧，就必须经历长时间的持续训练。无论是在篮、足、排运动中掌握复杂的技巧，还是在体操中学习滚翻和田径中的跑步技巧，学生都必须经历一个从不懂和基础学习到深入学习、从不熟练到熟练的发展过程。在这一教学过程中，体育教师需严格按照循序渐进的教学原则，逐渐引导学生掌握各类运动技巧。针对不同运动技能的特性，教师应合理规划练习的内容和时间，并且通过持续的练习帮助学生更好地掌握和提升运动技能。

（五）身体活动的常态性

在体育教学过程中，学生需要持续不断地学习体育技能，这也意味着学生在体育教学活动中需要经常进行身体活动。也就是说，体育教学具有身体活动的常态性。在体育课堂教学活动中，教师与学生之间的身体锻炼是非常频繁的，这一现象几乎成为日常体育教学的显著特征。

通常，文化类学科的教学主要在教室（如实验室、多功能厅）进行，并且需要保持一定的安静，这样才能激发学生的思维，产生良好的学习效果。相对于其他学科，体育教学的特点是它主要在户外或特定的运动场所进行，这些场所通常都比较宽敞。在大部分时间里，学生与教师之间的运动技术练习并不需要刻意保持安静，他们可以随时进行交流和沟通，这对学习运动技术是非常有益的。

体育教学强调学生需要掌握基础的运动技巧，其对身体活动的高要求是体育教学与其他学科教学最显著的区别。因此，在体育教学过程中，几乎所有的教学内容都与身体活动有关，或者是为未来身体活动做准备活动，这正是对体育教学作为“身体知识”的最佳解释。在进行体育教学时，学生不仅需要进行一定运动负荷的活动，教师在进行示范、提供指导和参与组队教学比赛时还需要投入大量的精力和体力。显然，体育教学中身体活动的常态性不仅仅针对学生，还涵盖了教师的参与。

（六）身心练习的统一性

人们普遍认为，身体和心理是两个截然不同的领域，它们之间的联系并不紧密，实际情况并非如此。最新的科学研究揭示，身体的健康状况对心理健康有积极的促进作用，一个人的心理状态会对其身体产生影响。因此，在体育教学中，学生需要在身体和心理上都得到全面的培养。

体育教学不仅注重对学生身体的塑造，还强调对学生心理和各方面适应能力的培养。相较于其他学科的教学方法，体育教学往往难以实现预期的教学效果。这主要是因为体育教学创造了多种不同的教学环境，这些环境在不知不觉中影响了参与者。虽然学生在体育教学中的身心发展看起来是多样的，但实际它是一种身心统一的锻炼，实现了身体和心理的共同发展，展现了高度的统一性。身体的成长是基石，而心理的成长则依赖并有助于身体的进步。从这个角度来看，体育教学不仅有助于学生掌握各种技能、促进其身体成长和增强其体质，还有助于培育学生全面的思考模式和健全的心理素质，从而推动学生在身体和心理方面的全面和谐发展。

在体育教学过程中，学生的身心练习需要保持一致性，这就要求教师必须做好以下教学工作：

1. 体育教学内容的选择要注重身心统一

体育教学的内容构成了体育教学活动的基础，并且对教学成果产生直接的影响。为了让体育教学更好地体现学生的身心统一，教师需要根据学生的身心状况合理选择教学内容。所选教材的编排应符合该年龄段学生的心理特点，同时也要满足他们在美学、社会学等方面的需求。通过教学活动中的知识积累、身体锻炼和情感体验，学生的身心都能得到积极的成长和发展。

2. 体育教学中运动负荷的安排应注重身心统一

体育教学的核心是体育实践，主要侧重于身体锻炼，要求学生利用身体的各种器官直接参与各种活动。这不仅他们承受一定程度的身体和心理压力。当学生进行高强度的身体锻炼时，他们需要面对由肌肉活动带来的疲惫和不适，经历各种心理挑战，锻炼思维和意志，同时也要有战胜困难、团结协作、努力奋斗、面对失败和追求成功的心态。这样的身心锻炼的一致性对学生身体和心理的健康成长更有利。

3. 体育教学方法的选用要注重身心统一

相较于其他学科的教学方法，体育教学提供了更丰富的教学手段，使体育教师能够更好地结合实际情况选择合适的教学策略。为了确保学生在体育教学中身心练习的一致性，体育教师在选择教学方法时必须考虑不同年龄段学生的身心变化规律，从而选择最适合他们身心发展的体育教学方法。体育教师需要根据学生的这些特点设计课程，这样才能真正激发学生的学习热情和兴趣，促进他们在身体和心理上的全面发展和提升。

（七）教学内容的情感性

体育教学的课程内容相当丰富，不仅涵盖了球类、游泳和田径等体育活动，还扩展到了体育舞蹈和瑜伽等多个方面。通过深入学习这些主题，学生普遍能够感受体育带来的深厚情感。

在体育教学过程中，学生的情感体验主要体现在以下几个方面：

第一，在体育教学实践中，教师和学生都能深刻感到只有通过体育活动才能为人带来的身体之美和运动之美。一方面，学生通过参与体育教学能够掌握各种体育健身技巧和方法，进而实现身体塑形的目标，确保身体外观维持流畅的线条和健康的体型比例。另一方面，学生可以通过参与各种运动练习深刻理解人体在不同动作中所展示的动作之美和肌肉的动态之美。这种美只有在运动过程中才能真正观察到，是一种非常明显的美。

第二，在体育教学过程中，通过对美的感知，能够帮助学生增强审美鉴赏能力。既然美是存在的，就需要具备欣赏美的能力的人，以及能够欣赏美、知道如何欣赏美的能力。

第三，体育教学有助于学生深入理解体育的精髓。每项体育运动都具有独特的美感和审美属性。例如，球类运动能够展示一个人对球类技巧的掌握程度，而在集体球类比赛中，除了个人技能，还融入了与队友的合作和相互支持的精神。这些都是人类在体育领域积累的深厚精神内涵。通过体育教学，学生可以更深入地体验体育的精神魅力，并且深入理解体育的核心价值。

第四，在体育教学过程中，通过参与各种体育活动，学生不仅能够陶冶情操，还能保持心态平衡。例如，学生在关键时刻总能维持一个冷静的思维，或者在取得胜利时展现谦逊的态度等。

第五，体育教学被视为一种富有创意的社交活动，它所带来的成果主要是给予学生内心的领悟和精神上的启示。体育教学不仅是学生与学生、教师与学生之间的桥梁，还对提高学生的社会适应性发挥着重要的作用。

（八）教学条件的制约性

由于体育教学内容丰富和涉及要素多，体育教学受到了众多客观因素的限制，这正是体育教学的显著特征之一。体育教学活动面临的主要限制因素包括学生的运动基础、其他基础信息（如年龄、性别、生理和心理状况）、体育教学的场地条件、使用的器材及气候条件等。体育教学质量受到这些因素的综合影响。更具体地说，其主要在以下两个领域有所体现：

从教学的主体角度来看，学生在体育教学中扮演着接受体育知识和技能的关键角色。学生的各种情况都可能对体育教学产生一定的影响。因此，为了确保体育教学顺利进行并获得优质的教学效果，我们需要特别关注学生在运动基础和体质等方面的实际差异。由于男生和女生在身体形态、机能水平和运动能力等存在明显差异，学校体育教学部门和体育教师在制订教学设计、教材选择和教学组织等方案时，必须进行全面的考虑，否则可能会对教学目标和教学效果的实现产生不良影响。

从教学环境的角度来看，体育教学环境作为体育教学的核心载体，其教学质量的优劣对体育教学的效果有着显著影响。举例来说，体育教学活动通常是在户外进行，这可能由于空气质量不佳或附近道路产生的噪声污染等问题对体育教学参与者在教学过程中的心态和情感产生不良影响；室外体育教学受天气的影响是不容忽视的，特别是在早期，当遭遇雨、雪、大风等恶劣天气时，体育教学就会被迫中断，转而在室内进行一些体育理论课程的教学，这会对体育实践课的教学计划产生不利影响。

综合来看，体育教学受到各种体育教学环境的限制。为了确保体育教学的顺利进行并摆脱那些不利于教学的条件，体育教师在制订学年体育教学计划、确定具体课时、选择教材内容及实施教学组织方法时，必须充分考虑这些实际影响因素，结合教学的实际情况，需要科学地选择教学内容、方法和组织形式，最大限度地减少这些制约因素的影响。

二、体育教学的功能

（一）教育学生

体育教学与其他学科相似，都具备教与学的共通之处。在体育教学的双向互动中，体育教师和学生都展现了知识和技术的相似性。在体育教学活动中，教师扮演着至关重要的教育和领导角色。学生可以通过思考活动掌握教师教授的知识和技能，这有助于提升他们的认知和判断能力，这也是其他课程的主要教学特色。然而，在体育教学中，教师不仅需要向学生传授生物学、生理学、心理学、医学等自然科学和体育学方面的基础知识，还需要教授学生科学的身体锻炼方法和手段，以确保学生能够正确掌握运动技能，同时实现学习、健身和锻炼的目标。另外，体育教学在培育学生的爱国情怀、集体价值观、互助与友爱精神，以及坚韧不拔和积极向前的精神方面也起到了非常重要的推动作用。

（二）促进身心健康

体育教学的核心目的在于增强身体素质。在所有的体育教学活动中，健康教育应被赋予高度的重要性，因为提高人们的身体素质是体育发展的核心特质。适度地参与体育活动和科学地进行体育锻炼，能够有效地促进学生的身心健康。

经历了漫长的改革和实践过程后，现代体育课程在教学大纲的规划设计、教材内容的选择、课时的安排及教学组织的实施等多个方面已经逐步走向了更为合理和科学的方向。学生的身体锻炼是体育教学的核心途径，所以学生直接参与各种活动已经成为体育教学的一个突出特色。从这个角度出发，教师应当依据体育教学的独特规律和特点，将各种有效的健身内容、方法和手段（如健身、竞技、娱乐和保健等）融合到体育教学中，以实现体育教学在教育性、健身性、竞技性和娱乐性等方面的有机协调和统一，进而提升体育教学的整体质量和增强体育健身的效果。

（三）培育良好品德

体育教学在助力学生塑造正面的思想和道德观念方面起到了关键作用。在体育教学过程中，大部分体育活动和游戏都需要团队共同努力才能完成。按照体育或游戏的规定，要想确保运动比赛或游戏顺利进行，参与者必须主动地遵循已设定的规则。因此，开展体育活动的基础是遵守纪律，而运动的成功很大程度上依赖于团队的紧密合作。

在体育教学和比赛过程中，学生能够培养遵守纪律的优良习惯。为了取得胜利，学生必须深刻理解团结、互助、协作，以及发挥团队合作的核心价值。在进行体育训练或参与比赛（游戏）时，学生需要学会关心同学，尊重对手和裁判，并且自觉遵守体育课堂秩序。此外，系统化的体育教学在培养学生高尚情操和塑造其完整人格方面起到了不可或缺的作用。

（四）提高审美能力

体育教学在提升学生的审美观念和审美技能方面起到了至关重要的作用。在体育活动中，健康、力量和美都是不可或缺的元素。无论是静态的人体设计还是动态的运动节奏，都展现了美的本质，体现了人的身体之美。体育活动不仅在运动中强调“美”的元素，还在运动的成果上展现了独特的魅力。参与体育活动的人主要从两个方面获得成就感和审美体验：一是通过科学的体育锻炼方法塑造完美的身体曲线；二是通过一场既激烈又公平的比赛取得胜利成果。

通过体育教学，学生可以培养对体育运动的审美观。体育教学不仅能帮助学生建立正确的人体和运动审美标准，还能让他们体验积极和健康的审美情感，从而进一步提升他们的美学修养。

第三节　体育教学的结构与原理

一、体育教学的构成

体育教学的各个组成部分及它们之间的互动关系构成了教学活动。体育教学包含教师、学生、教材和教学方法等多个核心组成部分。从静态的视角来看，体育教学中的三大核心元素是参与者、施加因素和媒介。

（一）参与者

在体育教学中，教师和学生都是关键的参与者。教师在整个教学过程中扮演着核心角色，他们不仅负责教学的计划、组织、传递、管理、监控和调整，而且教师的职业热情、专业能力和组织技巧等都是影响教学效果的核心要素。学生不仅是教师进行教学的目标群体，他们还是体育教学活动的核心参与者。在体育教学过程中，学生不只是被动地吸收知识，还需要充分利用自己的智力和非智力潜能积极地参与学习，这样才能确保获得出色的学习成果。因此，从更广泛的视角来看，学生在体育教学中起到了制约和调节的作用。在教学活动中，学生不仅是一个有许多相似之处的群体，而且在各种不同的因素作用下，他们展现了各自的特点和差异。学生参与教学活动的程度决定了教学质量的高低。体育教师的职责之一是根据学生体育教学和训练方法的身心特点，充分激发学生的学习积极性，从而赢得学生的信任和合作。

（二）施加因素

社会对学生的期望可以从体育教学的职责、课程内容、教学大纲和教学计划等多个方面来体现，这些都是体育教学过程中的外部驱动因素，同时也构成了连接教与学的关键桥梁。教学任务、教学内容和大纲计划都为教学过程提供了明确的指导，它们是进行体育教学的关键参考。显性价值和隐性价值是体育教学任务和体育教学内容的两个核心价值。在教学过程中，我们需要妥善处理显性价值和隐性价值之间的关系，更科学和有效地促进学生在身心方面的协调发展。

（三）媒介

体育教学是一种在特定的时间和空间内对信息进行有组织、有序传播的活动。高品质且现代化的媒体环境在很大程度上确保了体育教学品质的显著提升。为了有效地传递信息，组织教法、场地、器材和环境都是不可或缺的工具。其中，场地、器材和环境是提高教学质量的关键物质条件。按照体育教学目标组织教法，确保学生、教材与物质媒介之间的紧密联系，对体育教学产生了积极的调控效果。在体育教学媒介中，实用性、安全性、抗干扰能力、针对性和可靠性构成了媒介的关键特质。

在体育教学的实际操作中，参与者、施加因素和媒介都是不断变化和结合的，而教师的外部引导作用在其中起到了不可忽视的作用。体育教师有责任深入学习并精通教学艺术，最大限度地激发学生的学习热情，妥善管理体育教学的三大核心元素，确保体育教学任的高质量完成。

二、体育教学的原理

（一）体育运动的认知规律

体育活动的认知结构显示其独有的特点。在进行体育教学时，遵循体育运动的认知原则是必要的。在体育教学过程中，我们可以大致将运动的认知分为 3 个主要阶段：首先，我们需要培养感性的认知能力，并且为其打下坚实的感性基石。其次，基于感性的认知，我们可以进行理性的总结，这有助于形成理性的认知。在体育活动的实际操作中，我们需要科学且灵活地运用理性认知方式。最后，体育中的运动认知体系代表了一种“身体与动感的智慧”。通过体育教学，学生可以更好地进行物体识别、自我了解，以及控制与体育运动相关的各种因素（如时空、高度、距离、重量和平衡等），从而不断提高他们的运动能力。在进行体育活动时，学生能够对各种体育事件做出适当的身体反应，拥有控制身体动作和操控物体的能力，同时身体与大脑也能协调工作。因此，在体育教学过程中，体育教师应当高度重视培养学生对时空感知的能力，增强学生对方向进行准确判断的技巧，从方向、速度和重量等多个维度培养学生对器械的感知能力，以此推动学生运动认知能力的持续提升。

（二）体育运动技能形成规律

确保学生能够完全掌握运动技巧是体育教学的核心目标之一。要让学生真正掌握这些技能，他们需要经历一个关键的成长阶段，这个阶段的主要方向是从不会到会再到不熟练，最后达到熟练和巩固。换句话说，学生将会经历一个从泛化到分化再到自动化的演变过程。尽管掌握和发展动作技能的各个阶段和过程并没有一个非常明确的标准，但在体育教学中，我们仍然需要严格按照体育运动技能的形成规律进行教学。

（三）体验运动的乐趣规律

在体育教学过程中，一个核心的教学目标是激发学生对体育的兴趣和培养他们的特定技能。要实现这个目标，首先需要确保学生能够在体育活动中找到乐趣。通过体验体育运动的乐趣，学生可以更加主动地学习和掌握运动技巧，进而增强他们的体育能力。因此，我们必须严格按照体验乐趣的原则进行体育教学。

在学习和掌握运动技巧的旅程中，学生需要体验的乐趣阶段：首先，学生应基于自己现有的技能水平学习新的技能，并且在掌握新技能的过程中感受新的乐趣。其次，为了掌握新的运动技巧，学生需要付出额外的努力，并且需要持续地挑战自己，这样在挑战自己的过程中，可以感受乐趣和成就。最后，在掌握了新的运动技巧之后，学生需要充分利用自己的智慧和主观能动性对这些技能进行创新，在创新的过程中体验探索的乐趣。

第二章　体育教学方法

体育教学方法的体系建设是实现体育教学目标和开展体育教学活动的主要途径和手段，它与体育教学目标的实现程度有直接关系，而体育教学方法的科学性和创新性也对体育教学的质量产生决定性的影响。

第一节　体育教学方法的内容与选择

一、体育教学方法的基本内容

（一）体育教学方法的时代发展

体育教学方法是在体育教学现象之后出现的，但这并不表示它是在课堂体育教学之后产生的。在传统的民间体育教学中，某些教学技巧已经被广泛采纳，但由于当时的人们对这些方法还没有形成完整和系统的了解，所以并没有对其进行深入的探索和研究。因此，现代意义上的体育教学方法是在现代体育教学产生之后才出现的，具有很强的时代特点。我们可以把体育教学方法的发展历程划分为 3 个不同的阶段进行研究，具体内容如下：

1. 体操和兵操时代

在传统社会背景下，军事战争被视为体育发展的一个关键推动力。在封建社会时期和资本主义社会的初期，为了不断提升士兵的战斗力，各国通常会要求他们接受体育训练。在这种情况下，体育教学主要依赖于训练式和注入式的方法，使教学内容相对单一和乏味。传统的训练式和注入式教学方法特别强调大运动量的持续重复，主要是通过刻苦练习提高士兵的运动记忆，促进他们的体能持续增强。

2. 竞技运动时代

自近代起，随着资本主义社会的持续发展，竞技运动也得到了迅速的发展，近代竞技项目的大幅增长正是这种快速发展的一个明显标志。在这个阶段，竞技运动以公正和平等作为核心理念，并且成功地融合了多种文化元素，展现了旺盛的生命力和高度的活跃性。随着竞技运动的发展，其对运动员的运动技巧提出了更高的要求。单纯的刻苦训练并不能达到这些标准，所以体育教学方法的改进变得尤为重要。在这个时期，体育教学的效果得到了显著提升，如演示法、观察法和小团体教学法等新兴的体育教学策略开始逐渐浮现。

3. 体育教学时代

随着体育活动在当代社会的持续发展，它逐渐成了学校教育体系中不可或缺的一部分。体育作为一种文化表现形式，其内容已经得到了广泛扩充。在体育活动中，健康教育、心理辅导、安全教育、体育咨询和体育培训等多个方面的知识都有所涉及，使体育知识和技巧都得到了迅速和全方位的提升。体育教学内容的多样性和广泛性直接催生了人们对体育教学方法研究的持续深化。对体育教学方法的深度探索要求学生不仅要掌握相关的体育知识和技巧，还要确保学生在身体、心理和运动欣赏等方面都能得到全方位的成长和提升。在当代社会中，科学和技术的进步已经带来了众多的突破，也直接催生了一些创新的体育教学策略。随着计算机、录像和电影等多媒体技术的不断进步和应用，运动的表现和感知手段也得到了迅速而深入的发展。目前，现代体育教学的方法正朝着更加科学、标准和高级的方向发展。

值得特别指出的是，尽管新的体育教学方式应运而生并持续发展，但这并不意味着传统的体育教学方式已经消失。各种不同的历史和文化背景中都会出现与当前生产力和科学文化发展阶段相匹配的体育教学策略。那些创新的、与时代发展趋势相适应的体育教学方式与传统的体育教学方法进行了有机的融合和相互学习，共同促进了体育教学改革和发展的进程。体育教学方法是伴随着时代变迁而不断进化的，同时随着教学环境、教学对象和教学内容等多个教学要素的不断发展，体育教学方法也逐步展现了不同的阶段发展特征。

（二）体育教学方法的概念

教学方法可被定义为教师和学生为达成课堂教学目标和完成教学任务而实施的一系列教学活动。它构成了一套行为或操作的体系，涵盖了教师的教和学生的学两个方面的具体实施方式。体育教学方法实际是体育活动中所有手段和方法的综合体现，我们可以从以下几个不同的角度深入理解体育教学方法的基本概念：

1．教与学的统一

体育教学方式体现了教与学的融合，只有通过教师与学生之间的双向交流，体育教学方法的真正价值和效果才能得到充分体现。在体育教学活动中，我们可以简洁地将其分为“教师的教”和“学生的学”两大部分，这是教师和学生扮演的核心角色。在体育教学过程中，教师选择的具体教学策略和工具都是以学生为中心的，这使教师与学生之间的联系变得非常紧密。只有在教师与学生之间的互动交流中，体育教学目标和任务才能被有效实现。因此，在体育教学方法执行过程中，教与学的各个方面都是至关重要的。

2. 师生动作和行为的总和

体育教学方法的执行和实施是在教师与学生的互动过程中完成的，而体育教学方法也构成了教师和学生行为和动作的综合体系。体育教学方法与其他学科的教学方法的主要区别在于其不仅重视教学语言元素，还特别强调动作元素。在体育教学活动中，学生要想熟练掌握各种动作，教师的讲解、示范和纠正是不可或缺的。只有在此基础上鼓励学生多次练习，他们才能对相关的技术动作有一个准确和熟练的掌握。因此，体育教学方式可被视为教师与学生之间动作与行为的综合体现。

3. 教学方法与教学目标密不可分

所有的体育教学手段都是有明确目标的，缺乏明确目标的体育教学方法将失去其存在的意义，从而也无法充分发挥其应有的作用。体育教学方法与体育教学目标之间存在着紧密的联系，选择和实施教学方法主要是为了实现体育教学的目标和任务。体育教学方法与体育教学目标之间存在着紧密的联系，如果强行将两者分开，体育教学方法将失去其明确的指导方向，并且在实际应用中表现一定程度的盲目性；反之，如果体育教学目标和任务没有得到有效执行，这些目标和任务就难以顺利完成。

4. 功能具有多样性

当代体育教学不只强调学生在动作和技能上的掌握，还强调身体各方面素质的提升，更着眼于学生全方位的成长和发展。因此，体育教学方法展现了丰富的多样性。这种多功能的教学方式不仅可以在某种程度上提高学生的运动技能，还有助于学生在思想道德、心理健康等方面的全面发展，这对学生的整体发展起到了积极的推动作用。

（三）体育教学方法的构成

影响体育教学方法和方式的因素众多，它们主要可被概括为以下几个核心领域：

1. 目标因素

体育教学方法应当设定明确的教育目标。这些目标是体育教学的根本，缺乏这些目标，教学方法也就无从谈起，而这些教学方法主要是为了实现教学目标而设计的。

2. 关于语言的关键元素

语言元素涵盖了各种不同的表达方式，包括但不限于口头表达和身体动作等。

3. 关于动作的关键元素

动作的核心元素涵盖了身体的多种运动表现。体育教学的核心思想中曾提及体育活动主要是通过身体锻炼来进行的，所以身体锻炼是绝对必要的。这正是体育与德育、智育之间的显著差异。

4. 关于环境的因素

环境要素不仅涵盖了学校的地理位置、气候、风土等自然条件，还包括用于教学活动的体育设备和场地设施。

（四）体育教学方法的特点

1. 互动性

在体育教学中，教师采用的每一种方法都是为了引导学生进行双向的学习活动。它由教师的授课和学生的学习共同构成。更具体地说，在执行体育教学策略时，教师的教学方式会对学生的学习方法产生某种程度的制约，学生的学习方法也会对教师的教学方式产生一定的影响。因此，在体育教学活动中，教师与学生之间的互动、联系和统一性在教学方法中得到了充分体现。我们不能将体育教学方法误解为教师的教学方法和学生的学习方法的简单组合。

2. 参与性

在进行体育教学时，所有的参与者都需要充分利用自己的各种感觉器官。在教学过程中，教师和学生不仅需要通过视觉和听觉接收信息，还需要在中枢神经系统的指导下运用触觉、位觉、动觉等身体感知示范和练习动作。通过本体感觉，练习者可以感知机体在做正确动作时的力度、运动方向、动作幅度等，从而体验正确的动作模式，更有效地控制机体完成动作。体育教学方法的多感官参与性在这些方面都得到了充分体现。

3. 组合性

在体育教学过程中，学生需要调动各种感官接收教师的信息，这是由体育教学的目标和教学程序共同决定的。学生使用大脑皮层接收教育信息，经过大脑的分析、处理和加工，然后以指令的方式指挥机体，从而使机体能够顺利地完成相应的动作。在学习的旅程中，学生应当深入地利用他们的感知和思考能力并持续地进行实践，因为感知构成了学习的根基，思维是学习的中心，而练习则是学习的终点。体育教学方法巧妙地将感知、思考和实践3个部分结合在一起，充分展示了体育教学过程中认知与实践、心理与身体的有机融合性。

4. 交替性

在体育教学过程中，学生的身体与心理活动之间存在着非常密切的关系。学生通过各种心理活动，如感知、动作、思考、记忆和分析，掌握动作技巧和运动技能。在教学活动中，学生在生理和心理上都不可避免地会面临某种程度的压力。当这种压力不断地作用于学生的身体时，学生很可能会经受由运动引起的疲劳，疲劳的出现可能导致学生的学习热情和效率下降。因此，教师在体育教学中应当合理选择教学方法，合理规划运动锻炼和休息时间，科学地平衡运动与休息，这样才能真正提升教学效果。

5. 继承性

体育教学方式具有深厚的历史传承。在体育教学的长时间实践中，为了提高教学实际效果，人们高度重视教学方法的研究和探索，并且在此过程中积累了大量宝贵的实践知识和经验。某些教学手段在某种程度上反映了体育教学的客观规律，并且至今依然具有广泛的社会影响力。这些方法值得我们深入地进行梳理和总结，从中吸取有益的经验和教训。在新的历史背景下，任何创新的体育教学方式都不可能完全从头开始，因为它们是从多种传统教学方法中汲取了灵感并融入新的教学内容，赋予其更新的意义和更高的价值。

（五）体育教学方法的层次

体育教学方式呈现着明显的分层特点，主要涵盖了体育教学的策略、具体的教学方法及具体的教学工具这三个方面。

在体育教学方法层面上，教学策略占据了“上层”，代表了体育教学方法在更广泛定义中的一个概念，是传统定义中教学方法的组合，是教师通过整合多种方法和手段进行教学的一种行为方式。体育教学策略也常被称作体育教学模式或方法，单元与课程的构建和演变正是体育教学策略的核心体现。例如，发现式教学法是一种更广泛的教学策略，它结合了模型展示、提问技巧、总结归纳和组织讨论等多种传统教学方法。

在体育教学方法的层次结构中，教学方法占据了“中位”。这是体育教学方法在狭义上的定义，与传统的教学方法基本持平，代表了体育教师通过主要的教学技巧进行授课的方式。举例来说，提问法是为了达到某种教学目标而设计的，通过结合提问与解答构建完整的教学方法。体育教学方法也可被称为“体育教学技术”，通常是在体育课的某个教学步骤上体现的，而且由于体育教师的条件不同，在选择和变化上会有一定的差异。

在体育教学方法的多个层次中，教学手段位于“下位”，它不仅是传统教学方法定义的一个重要组成部分，还是教师在进行教学活动时主要采用的一种教学手段。体育教学方法也可被称作“教学工具”，在体育课的具体教学环节中，教师通常会使用各种不同的教学工具。

（六）体育教学方法的意义

在体育教学活动的整体结构中，体育教学方法占据了至关重要的位置。体育教学方法在整个教学过程中起到了不可或缺的作用，而且即便在教学活动结束后，这些教学方法的影响也不会在很短的时间内完全消失，这是体育教学的内容、环境等其他元素所无法比拟的。更具体地说，体育教学方法在以下几个方面具有重要意义：

1. 推动教学任务的顺利完成

在体育教学活动中，体育教学方法构成了体育教师与学生之间互动的核心环节。采用科学且高效的体育教学策略可以将体育教学中的两大核心参与者（教师和学生）紧密地结合在一起，这种连接有助于确保体育教学目标和任务能够顺利地达成。如果没有科学且高效的体育教学手段，预期的体育教学目标就将难以达成，同时教学任务也难以高效完成。

2. 努力创造一个积极的体育教学环境

采用科学且合适的体育教学策略，不仅可以激发学生对体育学习的热情，提高他们的学习兴趣，还有助于创造一个积极的教学环境。一个积极的教学环境能够间接地感染和激励学生，鼓励他们积极地参与教学过程，进而形成一个正向的学习循环。科学地应用体育教学方法能够显著提高学生对体育教师的信任度。一旦赢得了学生的信任，教师就能更容易地引导学生参与体育课程的学习，从而营造一个和谐的体育教学环境。

3. 推动学生在身体和心理上的全方位发展

在选择教学方法时，体育教师很容易受到科学思维的影响和制约。因此，所选用的教学方法必须具备一定的科学性。而教师运用科学和适当的教学手段进行体育教学，对推动学生在身体和心理方面的全面发展具有极大的助益；反之，如果教师在授课时选择了既不科学又不适当的方法，就可能会对学生的身心健康产生不良影响。在体育教学活动中，体育教学方法的执行过程可被视为学生对体育技能的实际体验和锻炼。因此，教师不仅需要向学生传授与体育方法论相关的专业知识，还需要在学生的实际训练过程中发挥引导作用，以促进学生在身体和心理方面的全方位健康成长。另外，采用科学的体育教学方式对丰富学生的情感和锻炼他们的意志也是非常有助益的。综合来看，体育教学方式对学生的整体成长产生了深远的影响。

4. 推动体育教学品质的进一步提升

采用科学的体育教学策略可以有效地激发学生的学习兴趣和热情，鼓励他们充分发挥自己的主观能动性。这种方法不仅可以提高学生的学习效率，还可以进一步提高体育教学的整体质量。

二、体育教学方法的科学选择

（一）常见体育教学方法分析

1. 语言教学法

语言教学法又可被分为讲解法、口令法、指示法 3 种。

（1）采用讲解的方法。讲解法作为一种基本的语言教学手段，在体育教学中得到了广泛的应用。在几乎所有的体育教学活动中，语言讲解作为一种教学手段都被广泛应用。在体育教学过程中，教师采用语言描述的方法向学生解释教学任务、内容、要求、动作名称、动作要点等，以实现预期的教学效果，这种方法被称为讲解法。这一教学策略在体育教学的早期阶段通常扮演着至关重要的角色。在学生初步掌握技术动作的阶段，体育教师应首先通过详细讲解的方式，向学生解释该技术的基础动作和难点，以便让学生对这一技术领域有一个基础的认识和理解，进而为他们后续的学习和实践打下坚实的基础。当教师采用讲解法进行教学时，必须高度重视该方法的科学性和艺术性，以便更有效地提升整体教学成果。在教学活动中，教师需要持续地总结经验，并且在语言表达方面追求卓越和完善。

体育教师在采用讲解法进行教学时，需要注意的几个关键点：首先，有目的地进行讲解。在选择讲解内容和方式、调整讲解语气和速度时，根据学生的特点、教学目标和教学内容来进行，抓住讲解的重点和难点。其次，需要确保所传授的理论知识是准确和权威的，技术内容应与技术原理保持一致，同时也要充分考虑学生的吸收能力。最后，教学方法和范围都应根据学生的真实情况进行适当调整。

（2）口头命令法。口令法是一种特定的语言教学方法，具有明确的教学内容、特定的顺序和形式，采用命令的形式指导学生的各种活动。在体育教学的各种活动中，口令法的应用通常是在队列训练、队形训练、基础体操及队伍调度等方面。在实际应用过程中，教师需要确保口令的准确性、清晰度、洪亮和及时性，并且根据人数、格式、内容和对象等因素调整自己的语调和语速。

（3）指示法。在体育教学中，教师采用简洁明了的语言引导学生进行各种活动，这种教学方式被称为指示法。当教师采用指示法进行教学时，应确保其准确性、简洁性和时效性，并且努力使用正面词汇。指示法主要有两种应用方式：一是在学生练习过程中没有意识到或关键的动作中使用；二是在组织教学活动中应用，如场地的布置和器材的整理等。

2. 直观教学法

在体育教学过程中，教师会通过真实的示范或利用外部力量，通过学生的各种感官，如视觉、听觉、触觉和肌肉的本体感觉，对学生的动作进行直观感知，这种方法被称为直观教学法。在体育教学中，常见的直观教学方法通常被细分为以下几种具体的教学手段：

（1）采用动作示范的方法。在体育教学过程中，为了帮助学生更好地理解和认识技术动作，教师经常采用动作示范法。具体而言，教师采用具体动作作为示范，帮助学生直观地掌握动作规范、结构、关键点和方法。学生可以通过欣赏教师展示的准确而优雅的动作，形成正确的动作认知，这也会增加他们的学习热情。

在采用直观的教学方法进行授课时，教师应当特别关注几个关键领域：首先，在进行示范教学时，教师不应仅仅是简单地展示自己的技术能力，还需要明确示范的目标和目的，以及如何让学生从中获得有用的信息，这样才能更有效地帮助学生理解动作的关键点。其次，特别关注动作示范的位置和方向的选择。在教学过程中，教师需要指导学生按照特定的队形进行排列，接着根据这些队形的特性决定示范的具体位置和方向，关键在于确保所有学生都能清晰地观察到教师的示范动作。再次，教师展示的动作必须是精准的、熟练的、轻快的和优雅的，这样才能有效地激发学生的学习热情。最后，在教师的示范活动中，语言解释也给予了适当的配合。仅仅通过示范，学生可能难以理解其中的核心内容，所以教师需要通过详细的语言解释提醒学生哪些是学习的重点，哪些是容易出错的部分。

（2）采用多媒体教学方法。伴随着现代技术的持续发展，体育教学领域开始逐步采用更多的现代技术手段。多媒体教学法是在特定环境下广泛应用的一种教学手段，教师通过向学生播放幻灯片、电影、电视和录像等进行教学。这种方法的主要优点是生动、形象和真实。在采用多媒体教学方法时，教师需要在全面权衡教学目的和学生的个性特点后，挑选合适的电视、电影和录像内容进行播放。如果我们能将电视、电影和录像等多种播放方式与讲解示范有机地融合在一起，教学效果就将得到显著提升。教师在播放的同时进行讲解，或者在适当的时候暂停讲解，学生就可以进行直观的思考和体验。

（3）采用条件性诱导方法。条件诱导法是一种以特定条件作为触发因素，并且与体验动作相结合，以实现直观效果的教学方法。比如，在长跑教学中，如果能安排一名领跑员，不仅有助于培养学生长跑时的速度感知，还能对团队成员之间的互相保护起到积极作用。其中，具有牵引作用的助力和对抗，以及具有限制性的阻力，都能迅速地帮助学生建立完成动作所需的时间感和空间感。另外，为了让某些动作更具节奏感，可以通过使用音乐伴奏或利用节拍器的音效来实现。

（4）采用直观的教学工具和模型展示方法。在体育教学过程中，教师不可避免地会使用一些辅助教学工具和模型。这些工具和模型通常具有直观的特点，如挂图、图表、照片等。教师利用这些教学工具解释教学内容，可以有效地协助学生形成准确和完整的动作认知。教师不仅可以使用教学工具让学生进行长时间的观察，还可以根据具体情况特别强调某个细节。因此，教师应该充分利用图表、模型和照片等直观的教学工具，利用教学工具和模型展示手段帮助学生更直观地掌握技术动作的整个流程。除此之外，教师通过教具和模型的展示，可以有效吸引学生的关注和兴趣，进而增强教学效果。

（5）采用助推与阻碍的教学方法。在进行体育教学时，体育教师利用外部力量让学生通过触觉和肌肉的感知体验正确的动作施力的时机、力度、方向及动作的时空性，这种教学方法被称为助力与阻力教学法。在体育动作的技术教学环节，教师通常会更多地采用助力和阻力的教学方法，这是一种可以帮助学生有效掌握正确技术动作的直观教学方法。

（6）采用先进和有针对性的教学方法。领先教学法是指教师利用特定的动态视觉信号为学生提供相应指导的方法。举例来说，在体育教学活动中，教师有能力利用动态和前瞻性的视觉信号为学生提供必要的激励和刺激，从而协助他们成功地完成各种技术动作。定向教学法是教师利用特定的静态视觉准则为学生提供相应的指导和建议的教学策略。例如，在体育教学过程中，为了向学生明确展示动作的方向、路径和幅度，教师会合理地使用各种标志物、标志线和标志点。

3. 分解教学法

在体育教学过程中，教师会将完整的动作技巧分解为多个部分，然后逐一向学生传授每一个动作。当学生对这些动作都非常熟悉时，教师会进一步向他们传授完整的动作技巧，这种方法被称为分解教学法。这一教学策略的主要优势是能够相对降低动作技术的难度，不仅有助于学生更好地掌握教学中的重点和难点，还可以更好地突出这些重点和难点，从而增强学生的学习自信心。这一教学策略的局限性在于，学生很难完全理解完整的动作，可能仅仅是对某些特定部分和分解动作的掌握。

在采用分解教学法的过程中，有几个关键点需要注意：首先，体育教师应当选择一个相对合适的方法分解学生的动作，并且根据动作的技术特性来具体实施。其次，当体育教师在划分动作技术的各个部分和段落时，还需要深入思考这些部分之间及段落之间的紧密联系，以确保动作结构的完整性。最后，体育教师需要对完整动作中的各个部分和段落的重要性和作用有清晰的认识，为最终的动作组合做好充分的准备。

4. 完整教学法

完整教学法是一种体育教师在整个教学过程中，从开始到结束都不分解动作，而是完整地传授动作的教学方法。该方法主要适用于这样几个教学领域：首先，它的动作结构相对简洁，对协调性的要求并不严格，而且在技术教学中方向和线路的变化较为有限。其次，在技术教学过程中，尽管动作可能相当复杂，但由于各个部分之间有着紧密的关联，所以不建议将其拆解。最后，尽管学生的动作相对复杂，但他们已经具备了充分的运动技能，展现了出色的运动学习能力。当用于那些已被分解却不应被分解的动作时，可能会对教学产生负面效果，这正是完整教学方法存在的问题。

在实际体育教学过程中，采用完整教学法时有几个关键点：首先，直接应用它。在教授一些相对简单和易于掌握的动作时，教师会先进行详细的讲解和示范，然后引导学生直接进行完整动作的练习。其次，教师需要从教学的核心内容出发实现重大突破。例如，在体操或跳水这类运动中，存在一些空中翻腾的动作，尽管教师无法对这些动作进行详细分解，但他们仍可以对动作的动力、时机和关键技巧等进行深入分析，通过教师的辅助教学，学生可以更好地理解这些动作并有针对性地进行练习。最后，目标是降低操作难度。在进行完整训练时，可以考虑减少投掷工具的重量、提高横杆的高度、控制跑步的距离和速度，或者用手完成一些原本需要器械的完整动作。

5. 程序教学法

程序教学法有时也被称作“学导式教学法”或“小步子教学法”。该教学方法是基于认知和技能发展的规律，将体育教学内容拆分为多个相互关联的小步骤，形成有助于学生学习的逻辑结构，并且为这些步骤建立相应的评价反馈系统。在教学活动中，学生会按照分解后的小步骤逐渐学习，学习结束后会进行即时评估，并且根据评估结果对学习成果给予即时反馈。如果经过评估后发现已经满足了既定的要求，那么将会按照预定的顺序进行下一阶段的学习；若未能达到预定标准，那么应重新审视这一步并进行相应的修正。

在体育教学过程中，预防和纠正错误的教学方法主要包括以下几种：

（1）降低难度。在进行体育教学时，学生身体素质不高、心理压力大及对某些事物的了解不够深入，都可能导致他们在动作上出现失误。为了预防这种情况的出现，教师可以尝试降低动作难度。更具体地说，为了调整技术动作的难度，教师可以考虑改变练习条件，并且分解动作。简化动作、降低难度，有助于学生更轻松地完成技术动作，进而增强他们的自信心。

（2）外部援助。当学生体验到正确的动作时，他们通常会采用外部帮助的方式。在体育教学中，如果学生在学习动作时对施力的部位、大小、方向和幅度等不太了解，就容易做出错误的动作。这时，教师可以通过运用推、拉、托、顶、送、挡等外力，帮助学生理解正确动作的感觉，从而最终纠正错误动作。

（3）加强对概念的理解。在学习的旅程中，学生对概念的准确理解能够有力地推动他们在大脑里塑造正确的行为模式。在体育教学的实际操作中，教师应当重视通过讲解、示范和对比等多种方式，不断加强学生对正确动作概念的理解和掌握。这样可以帮助学生更好地形成正确动作的外在表现，明确正确与错误动作之间的区别，从而促使学生能够主动地避免或及时纠正错误动作。

（4）转移练习。在体育课程的学习过程中，学生可能会因为恐惧、焦虑或受到旧的运动技巧的干扰而做出不正确的动作。面对此种情况，教师应当适时地调整学生的练习方式，改变练习内容，并且结合一些具有引导和辅助作用的练习帮助学生摆脱固有的错误动作模式，从而更好地形成正确的动作模式。

（5）信号提示。信号提示是指在学生学习技术动作的过程中，如果因为用力的时间或方向不当而出现错误动作，教师会及时给出信号指示，帮助学生纠正。无论是听觉、口头还是视觉信号，都是教师在教学中经常使用的提示方式。除此之外，标志线、标志点和标志物等工具也能有效地协助学生预防和纠正错误动作。

（二）体育教学方法选择的参考依据

1. 根据体育教学目标做出选择

体育教学目标呈现着多个层次的特性，这主要体现在身体成长、知识积累、技能提升、社会进步及情感培养等多个方面。为了更好地实现这些多层次的教学目标，教师需要采用各种不同的教学策略和方法。在体育教学过程中，教学目标并不是孤立存在的，而是多个目标的综合体现，每个单元和每一堂课的目标重点又各不相同。因此，在教学活动中，教师应当根据明确的课堂教学目标对某一特定领域的教学方法进行明智的选择。体育教学的终极目标是通过逐步达成每一个课时的教学目标来实现的。课时的教学目标不仅具有指导性，还涵盖了丰富的内容，包括运动技能和运动理论，以及心理和品格。针对不同的教学目标，教师应该选择与之相匹配的科学的教学方法进行教学。

2. 根据体育教材的具体内容做出选择

体育教学的内容与方法是紧密相连的，针对不同的教学内容，我们应该选择相应的教学策略。例如，对于理论性内容，语言教学法是最合适的选择；而对实践性内容，直观示范的教学法则更为合适。显然，选择教学方法会受到体育教学内容不同性质的影响，在不同的教学内容中应用相同的教学策略可能会带来不一样的教学效果。因此，在进行体育教学时，教师需要灵活地选择教学方法。

3. 根据教师个人的能力和条件做出选择

体育教师作为体育教学方法的执行者，个人素质对教学效果和质量发挥着直接且重要的作用。如果体育教师的个人能力和素质相对较低，那么他们很难充分利用体育教学方法的潜在价值，这可能会限制教学活动的流畅进行。因此，在选择合适的教学活动时，教师应该对自己的专业素质、能力水平和教学方法的特性有一个客观的认识。通常情况下，体育教师需要对多种教学手段有深入的了解和掌握，这样才能根据自己和学生的具体需求选择最合适的教学策略。不同的教师会根据学生的具体情况选择相同的教学策略，从而产生不同的教学成果，表明教师的个人能力在很大程度上决定了体育教学的效果。因此，教育工作者需要有计划地提升自己的专业素养，改进自己的授课方式，并且对多种教学策略进行探索和熟练应用。

4. 根据学生的具体情况做出选择

在进行体育教学时，我们主要是以学生为中心来实施各种教学方法，确保学生能够更好地学习是所有教学方法应用的核心目标。因此，在选择合适的体育教学方法时，教师必须考虑学生的特性和实际情况，如年龄、性别、身体和心理发展情况，以及他们的知识储备和学习能力等。

5. 根据体育教学所需的物质条件做出选择

在进行体育教学时，物质条件在很大程度上决定了教学方法的选择。学校提供的体育教学设备、场所和其他相关设施都属于教学环境的一部分。如果学校具备全方位和先进的教学环境，那么体育教学的各种功能和效果都有可能得到充分和有效的发挥；反之，如果教学环境不够先进和完善，那么体育教学方法的有效性和价值将会受到直接制约。以背越式跳高教学为例，使用海绵块进行练习的效果明显优于使用沙坑练习。这主要是因为海绵块的清洁度更高，相对更安全，学生在练习时不会感到太大的心理压力，同时他们的神经系统兴奋性也会维持在一个较高的水平。在体育场馆内开展体育教学可以减少周边环境的干扰，有助于提高体育教学方法的实际应用效果。充分利用现代体育教学工具可以有效地弥补教师在动作示范中的某些不足，进而提升体育教学的整体质量。因此，在选择教学方法时，体育教师必须充分考虑体育教学的物质条件。

6. 根据各种体育教学手段的特性和应用场景做出选择

各种体育教学手段都有其独特的性质、作用、应用场景和界限，并且每种方法都有其自身的长处和短板。在体育教学过程中，各个要素的合理组合对体育教学方法有效性和价值的最大化起到了至关重要的作用。在某些情况下，某一种教学策略可能在特定的体育项目中表现出色，但在其他体育项目中可能并不适用，并且可能对教学活动的顺利进行造成障碍。基于相同的逻辑，对于特定的教学内容，某些教学策略是合适的并能带来积极的效果，也有一些可能会产生相反的影响。以谈话法为例，这是一种主要用于传递新知识的教学方法，其前提和基础都是教学对象在知识和心理方面已经做好了充分的准备。如果没有做好充分的准备，使用这种教学方法所期望达到的效果将无法实现。采用讲授法可以在较短的时间内将丰富的系统性知识传递给学生，这对体育教师更好地发挥其主导作用是非常有益的。但是，在这种方法的应用过程中，学生的主观能动性和创新精神很难得到充分体现。因此，体育教师在选择教学方法时必须对各种教学方法的功能、应用范围和条件进行深入的思考和分析。

（三）体育教学方法选择的注意事项

1. 需要增强教师与学生之间的合作与协同

在进行体育教学时，为了达到预定的教学目的，教师与学生之间需要有深入的合作和默契的配合。在体育教学过程中，既没有“教”的“学”，也没有“学”的“教”，这两者都是不存在的。因此，在选择教学手段时，我们应当思考“教的方式”和“学的方法”。在传统的体育教学模式中，过分强调教师的中心地位，并且在选择教学方法时过分关注教师的“教的方式”，忽视学生在整个教学过程中的重要角色。举例来说，当教师进行动作示范时，他们主要关注的是动作的美感和和谐度，忽略了学生的情感体验，这可能导致学生学习效果不尽如人意，进而影响教学的整体质量。因此，在选择体育教学方法时，我们应当重视教师与学生之间的默契合作，确保两者之间不会出现脱节。

2. 需要增强各个学习阶段之间的协同与合作

在体育教学活动中，学生在不同的学习阶段会展现各自的学习特点。在选择体育教学方法时，教师应当充分考虑学生在学习知识的各个阶段之间的相互配合。举例来说，在学生学习动作的过程中，教师应当重视引导学生从“模仿型”向“创造型”转变，努力实现这两者之间的有机融合。在学习的旅程中，学生对所学内容的理解和掌握也是持续不断的。在学习的初级阶段，学生主要的学习方式是模仿（无论是模仿教师还是他人）。随着时间的推移，学生会逐渐形成固定的动作模式，彻底摆脱模仿的束缚，从“模仿型”转变为“创造型”。这两个发展阶段既有某种程度的相似性，还存在明显的差异。因此，在选择教学方法的过程中，教师应当有意识地避免两者之间的相互替代和脱节。

3. 需要增强学生在内部和外部活动中的协同与合作

学生的学习过程融合了内部和外部的各种活动。学生的精神状态，以及与之相关的生理和生化反应，都是他们的内在活动；学生的行为表现、情感状态、集中程度等，都是他们外在行为的体现。当教师决定采用哪种体育教学策略时，应当高度重视学生内部与外部活动之间的协同与合作。教师在教学过程中应擅长分析学生的各种活动变化，并且巧妙地结合指导学生外部活动和激发学生内部活动的教学策略，确保学生能够主动地参与体育学习。在选择体育教学方法时，教师需要对各种不同的教学手段进行深入的比较和分析，以确定最合适的教学策略。此外，体育教师需要深入思考各种教学方法适用于何种教学内容，它们能够解决哪些教学难题，并且对哪些教学目标产生正面影响。

三、体育教学方法的科学运用

（一）体育教学方法的优化组合运用

1. 优化组合运用的原则

（1）启发性原则。无论选择哪种教学策略，都应深入思考其是否能够激发学生的学习热情和主动性，是否能够鼓励学生主动思考和探索，以及是否有助于学生各个方面的素质提升。在体育教学过程中，教师不仅要优化教学方法的组合，还需重视培养学生的学习热情和驱动力，这样才能确保学生独立思考能力得到最大化的展现。

（2）最优性准则。不同的教学策略自然会带来各自的特性、功能和应用领域；同时，这些方法的长处和短处也会有所不同。因此，在综合应用各种教学方法时，不同的教学体系可能会形成不同的综合教学策略，每种策略都有其特性。针对这一点，教师在优化体育教学方法组合的过程中，应当根据实际需求选择最适合实际应用场景的教学方案。在选择教学方法时，教师应该从宏观的角度出发，将各种与教学内容相匹配的方法有机地融合在一起，充分发挥教学方法体系的全面功能。

（3）一致性原则。该原则强调在选择教学方法时，教师应重视“教”与“学”两方面活动的融合，突出两者之间的紧密联系和相互推动。如果仅仅关注某一特定活动，那么实现教学活动的预定目标将会变得困难。此外，实施一致性原则还要求体育教师在教学过程中最大限度地发挥教学方法的多功能性，从而全方位地促进学生各方面素质的提升。

2. 优化组合的程序

（1）将体育教学的任务进一步明确。

（2）根据实际情况提出总体设想。

（3）对多种体育教学方法加以优化组合。

（4）对优化组合的教学方法加以实施与评价。

（二）体育教学方法运用的注意事项

1. 需要全方位地思考那些可能影响体育教学方法效果的各种因素

在科学地应用体育教学方法的过程中，体育教师应全方位地分析影响教学效果的各种因素以促进教学质量的提升。涉及的具体因素包括教师本身、学生，以及教学环境和条件。在体育教学活动中，体育教师个人的知识储备、人格魅力和教学技巧等因素都会在不同程度上影响教学方法的应用效果。因此，全方位地提升教师的专业素养对增强教学方法的应用效果是非常有益的。体育教学是一个教师和学生共同参与的过程，学生因素也会对教学方法的应用效果产生重大影响。因此，教育者应当重视激发学生的主观能动性。体育教学的效果不仅受到教师和学生的影响，物质环境和条件还会在某种程度上决定体育教学方法的应用效果。因此，在体育教学过程中，除了强调教学主体的重要性外，还需要注重提供优质的教学环境和优化教学条件。

2. 重视与体育教学方法相关的理论应用

体育教学的理论基础建立在实践之上，但其重要性又超越了实践。因此，在采用体育教学手段时，教师不仅需要关注实际操作中的挑战，还应在理论层面上进行深入的研究和探讨。如果我们对相关的理论研究持有偏见，体育教学方式就可能出现不全面的问题。因此，在进行体育教学实践时，对体育教学方法的相关理论基础的探讨应当全面考虑辩证唯物主义和唯物辩证法的核心观点，关于系统论的基本理念，涉及教育学、心理学的学科理论知识，以及普通教学论、体育教学论等所有相关领域的内容。

综合来看，在体育教学活动中，教师需要建立全新的教学观念，运用创新的教学理论进行教学指导，以不断推动体育教学方法的创新和发展，从而最大程度地发挥各种教学手段的有效性。

第二节　体育教学方法体系的构建过程

在体育课程改革中，“目标统领教材”是一个显著的特色，意味着根据各种不同的教学目标挑选适合的体育教学内容。学校教授给学生的各类思维、知识、技能、语言、观点、信仰、行动和日常习惯，构成了教学的核心内容。从根本上讲，学生的学习过程实际是一个将丰富的教育内容转化为个人成长成果的旅程。这种转变是从外部到内部的，并不是自动完成的，只有通过应用适当的教学策略，才能真正实现这种转变。

在选择体育教学方法时，应根据不同地区的具体情况和学生的身心发展特征进行选择，这是体育新课程标准的基本要求，需要根据地区、时间和个体差异确定教学方法。尽管过去的体育教学大纲为教学目标、各个年级的教学内容比例和评估标准提供了明确的指导，但它忽略了不同地区、城乡和学校之间的差异，也未充分考虑学生的体育基础、兴趣和爱好。因此，在实际教学过程中，过于依赖教师的讲解和示范，导致学生对体育的过度关注，从而产生了不良的教学效果。

体育课程标准明确了课程的目标、领域的目标和内容的标准，但并未对具体的内容、权重和成绩评估进行限制。新的课程标准根据学习内容的不同性质，对 5 个不同的学习领域进行了分类，每个领域都有其特定的教学任务和内容。尽管某些领域的具体内容可能不太明确，但可以在其他领域中对这些内容进行整合和渗透，从而构建一个“目标与内容”的关系，即通过目标指导内容的选择，并且通过内容的选择实现目标。同时，新的课程标准也对六级学生的学习能力进行了明确分类，为每个级别设定了特定的学习目标。这些目标主要是基于学生的身心发展特点设定的，从而更好地体现了体育教学的独特规律。

新的课程标准并没有明确规定具体的学习内容，而是给出了实现教学目标的具体内容或活动建议，这为学校提供了更多的选择空间。

学校可以根据自身的实际情况合理地选择教学内容，这样可以更好地实现学习目标。显然，新的课程标准中的5个关键领域不仅是学校在选择体育教学内容时的核心参考，还反映了体育教学的内在规律，为体育教学方法的选择提供了有力指导，进一步推动了“目标—内容—方法”教学框架的建立。因此，各个地区和学校都有了广泛的机会选择与其地域或学校特色相匹配的教学内容和方式。

体育新课程改革的核心特点是学生学习方式的转型，意味着我们需要摒弃学生的传统被动学习模式，强调以学生为中心的学习方法，并且积极倡导研究型学习。对于教育者而言，他们需要深入了解各个学生的实际情况，这样才能为他们创造多样化的学习环境，同时还要对各个年龄段的学生所采用的教学策略进行深入思考。为了适应新的课程标准，我们必须建立一个与之相匹配的新方法体系。体育教学应当基于体育教学的固有规律，并且与具体教学内容相结合，确保学习目标能够顺利达成。因此，我们应该根据体育教学的固有规律和为实现这些目标所选择的教学内容，按照课程标准划分的5个学习领域，构建一个新的体育学习方法体系。

体育课程改革特别强调了五大学习领域目标，并且基于学生在不同身心成长阶段的需求，对6个不同层次的目标进行了分类。在体育教学过程中，每一堂课的教学内容选择都应基于特定的目标要求，确保每堂课的内容都能满足5个领域的各种目标。因此，不同领域的教学目标都有其特定的水平目标，教师应该根据这些不同的水平目标合理选择和科学应用所需的教学方法。

第三节 体育教学方法的发展与创新

一、促进体育教学方法发展与创新的因素

（一）随着科技的不断进步，体育教学方法也得到了创新的推动

伴随着科技的飞速进步，大众的生活品质也得到了显著提升。此外，科技的快速发展在体育教学领域也产生了正面效应，主要体现在它对体育教学方式带来的长远影响上。随着计算机科技的飞速进步，它在体育教学领域的应用日益普及，这进一步推动了体育教学中动作示范的标准化和科学性提升。此外，随着科技的不断发展，资料的收集和整合变得更为简单，学生在学习的时间和空间上所面临的挑战逐步减少，从而使实时信息交流成为可能。利用计算机技术展示动作，我们可以从多个角度和不同的速度对动作的各个部分进行深入的分析和研究，这有助于传统的示范讲解方法更有效地展现其潜在价值。

（二）体育教学内容的更新推动了教学方式的创新

为了更好地适应时代变迁并满足学生日益增长的体育需求，体育教学内容正在经历持续的改革和发展，这也直接催生了体育教学方法的创新和变革。例如，当定向运动和野外生存运动被纳入体育教学时，体育教学中的野外组织和教学方法得到了更为深入的发展。

（三）体育教学理论的进步为教学手段的优化提供了推动力

体育教学理论的进步对体育教学方法的创新和进步产生了积极影响。在新的体育教学理念的科学引导下，体育教学方法创新的步伐正在逐渐加快。传统的体育教学对体育技能的深入分析不足，对同一运

动项目的教学方法也相对固定，甚至在不同的运动项目教学中使用相同的方法。毫不夸张地说，无论面对何种教学内容和目标，选择教学方法都应遵循“恒久不变”的原则；但是，随着相关领域专家对体育项目的研究逐渐深入，为各种运动项目设计的体育教学策略也开始以创新的方式出现。

二、新型体育教学方法分析

（一）探究教学法

体育教学活动中有一种有效的教学方法，即探究式教学法。该方法旨在引导学生识别问题、分析问题，最终找到解决方案，以便在探究的过程中全面掌握所需的知识和技能。探究式教学法和现代教育理论对学生的期望更加一致，体现了新体育课程对学生主体性的强调，所以在体育教学领域，教师和学生都给予了高度的关注。

在采用探究式教学法时，需要注意几个关键点：首先，明确目标。为了确保体育教学目标能够顺利达成，教师在进行教学活动之前应当事先制订研究计划。不明确的目的和与教学实际不一致的探究活动不仅会浪费时间，还会妨碍课程目标的实现。其次，与学生的知识水平一致。教师在进行教学时必须以学生的实际知识和技能为基础，过于简化的教学内容对于激发学生的学习热情毫无益处，过于复杂的教学内容可能导致学生对学习失去热情和自信。因此，在开始教学之前，体育教师有责任深入了解学生在基础知识掌握和技能水平方面的现状，指导他们在自己的能力范围内进行探究。最后，在教学活动中，面对学生在付出努力后仍存在的探索性问题，教师应该更多地对学生进行指导和激励，但这并不意味着可以完全替代学生的探索性学习。

（二）游戏教学法

教师采用游戏的形式组织学生进行体育学习的方法被称为游戏教学法。游戏式的教学方法需要在规定的范围内执行，旨在最大限度地激发学生的积极性和创造力，以达到体育教材所设定的教学目标。游戏教学法能够充分激发学生的主观能动性和创造力，不仅实施起来相对简单，而且非常容易得到学生的接纳，所以是最受学生喜爱的教学方法之一。

教师不仅可以在学生个体之间进行游戏式教学，还可以在学生的学习小组中实施游戏式教学。通过构建游戏场景，学生能够感知紧张的学习氛围，并且在此过程中学习如何进行有效竞争和与同伴合作。采用游戏教学法可以有效地激发学生的学习热情和提高他们的身体活动能力，不仅有助于学生身体素质的全方位提升，还能让他们在愉快的运动体验中更好地掌握相关技术的应用方法。

在体育教学中，当我们采用游戏教学法时，需要特别留意几个关键点：首先，教师明确了体育教学目标之后，应该根据这些目标设计游戏形式。对于各种类型的游戏，教师都应该预先设定相应规则，这样可以帮助学生在游戏过程中明确自己应该做什么和不应该做什么。其次，在要求所有学生严格遵循规定的同时，教师还应对学生的积极性和创造力给予积极激励。最后，当教师在体育教学中采用游戏教学法时，学生在独立性方面表现得更为突出，所以在规划运动负荷和动作控制方面，教师可能会面临相当大的制约。针对这一问题，应采取适当措施和解决方案以防止师生之间出现矛盾。

（三）竞赛教学法

在体育教学过程中，采用竞赛教学法是一种评估教学成果并帮助学生技能应用能力持续提高的方法。竞赛被视为一种检验教学成果的有力工具。这一教学方法不仅有助于学生充分发挥其身体功能，还能增强学生在比赛中的适应性和心理调节能力。更重要的是，它能有效地培养学生的勇气、灵活性、团队精神和谦逊等品质。当学生刚开始学习运动技巧时，不建议教师使用竞赛的方式进行授课。只有经过一段时间的持续学习，学生才能将其动作技巧熟练地掌握，之后才能使用这种教学方法。通常情况下，在竞赛活动结束后，教师需要对学生的表现进行及时的评估。

在采用竞赛教学法的过程中，教师应当特别关注几个关键领域：首先，需要明确竞赛教学法的具体目标。在采用竞赛教学法的过程中，无论是确定教学内容、选择竞赛方式，还是验证竞赛结果，都需要树立“服务于教学目标”的理念。其次，在应用竞赛教学方法时，需要特别关注对学生合适的配对和分组。不论是个人之间的竞技，还是团队之间的对决，双方实力平衡都应受到重视，教育工作者也应努力创造这种平衡的比赛环境。最后，当采用竞赛教学法时，教师通常需要在竞赛结束后对学生动作完成质量进行客观评估，并且向学生明确指出哪些方面需要改进，以及应该如何改进。

（四）自主学习法

在体育教师的引导下，学生根据自己的实际需求和情况设定学习目标和选择学习内容。这种自主实现学习目标的体育学习方式被称为自主学习法。教师应该为学生提供更多的自主学习机会，这将有助于激发学生的学习热情，最大限度地发挥学生的学习主动性，同时也能让学生感到满足和有成就感，增强他们的自信心。

在体育教学过程中，我们应该遵照以下步骤实施自主学习法：

第一，学生需要首先明确自己的学习目标。这些目标必须是清晰的，不能是空洞无物的，应该在自己的能力范围内得以实现。

第二，学生会根据设定的目标决定学习策略。值得强调的是，学生在选择学习方法时并不是盲目的，而是基于对自身经验和知识的深入思考做出的决策。

第三，学生在完成某一学习阶段后，应与之前设定的学习目标进行对比，判断自己是否达到了预定的学习目标，以及完成的质量如何，这实际是对自己在这一学习阶段的表现进行自我评估。

第四，学生在完成自我评估之后，应明确自己在学习过程中的不足之处，为接下来的学习阶段设定明确的目标。

（五）合作学习法

在体育教学过程中，在小组或团队环境中，学生为了实现共同的学习目标，需要明确各自的责任和分工，这种互助学习方式被称为合作学习法。在引导学生进行合作式学习的过程中，教师需要让学生深刻认识自己在团队或小组活动中扮演的角色，明确自己的职责，以便更好地激发他们的责任心。

在体育教学过程中，合作学习法的实施通常遵循以下步骤：

第一，教师对学生进行合理的分组。

第二，小组成员进行集体讨论，明确本组希望实现的学习目标。

第三，明确了学习目标后，小组内部需要进一步明确各自的任务。这一过程依赖于教师的专业指导和协助。

第四，小组内的每一位成员都清晰地定义了自己的职责和任务，并且在小组长的领导下，通过相互协作达成这些目标。

第五，在小组学习活动结束后，各个小组派出代表发言，分享他们的心得和感受，并且在小组之间进行深入交流以实现共同进步。

三、体育教学方法的发展趋势

现代体育教学方法经过多年的改革与发展，已经形成了具有自身特色的教法体系。随着经济社会的不断发展，体育教学方法仍处于不断的创新与发展中，并且呈现以下趋势：

（一）现代化趋势

在教学方法现代化进程中，体育教学的现代化特点尤为突出。体育教学现代化的一个显著特点是教学设备的现代化。通过运用先进的技术手段，体育教师可以更加有效地进行教学活动，同时也能让学生更加积极地参与体育学习活动。此外，借助先进的设备，教师能够对学生身体状况有更深入的了解，从而更有目的地规划运动训练的强度。从教学管理的角度看，利用现代科技能够为学生的日常学习和生活带来更方便的服务体验。伴随着现代社会的持续进步，体育教学技术手段也将经历某种程度的革新，所以其教学策略也将展现现代化的创新发展趋势。

（二）心理学化趋势

在心理学领域，学习被视为一种相当复杂的心理活动。在体育教学过程中，学生的学习不仅仅是知识的记忆，还涉及动作和技术的记忆，这是一个非常复杂的过程。随着心理学领域研究的逐渐深入，人们开始对学习过程中的各种元素和阶段有了更深入的了解。在实际的教学活动中，心理学的相关理念也被广泛应用并产生了正面影响。在体育教学方法的演变中，众多心理学研究成果已在不同层面得到应用，这对推动体育教学品质的进一步提升起到了正面作用。此外，体育教学方法的应用也承担着提升学生意志品质和促进学生心理健康等多方面的培养任务。通过采纳相关的心理学知识，可以确保体育教学方法在这些方面的目标顺利达成。

（三）个性化与民主化趋势

当代的体育教学方式正逐步朝着更加个性化和民主化的方向发展。

在传统的体育教学实践中，教师的主体性被高度重视，而在教学活动的组织和实施过程中，教师往往忽视了学生个体差异的重要性。随着体育教学方法的持续改进，社会对学生个性发展的关注也日益加强，这也意味着体育教学方法将展现个性化的创新方向。对教学方法进行个性化的改革和创新不仅对学生的整体成长有益，同时还推动了社会向前发展。

体育教学方式向民主化方向发展也是不可避免的趋势。随着体育教学中民主观念的日益增强，民主化的体育教学策略将受到更多的关注并被更广泛地采纳。

第三章　体育教学的主导与主体

第一节　体育教学中的体育教师

体育作为五育的一部分，不仅是提升学生个体体质、促进学生身体健康和传播体育文化的基础，还是培养全面发展人才的关键途径。体育教学包括体育教师和学生这两个核心组成部分。在当前注重增强青少年体质的社会背景下，体育教学将在提升青少年体质方面起到至关重要的作用。作为人体的“雕塑师”，体育教师默默地为促进学生体能和技能的发展、传播体育文化及塑造学生的精神世界做着贡献。体育教师的职业道德和职业技能对体育教学的成功与否有着直接的影响。因此，体育教师应具备创新意识、创新精神和创新能力，并且在教学过程中起到主导作用，有效地控制教学节奏，促进学生的全面发展。

在传统的体育教学模式中，教师角色可以被简单地描述为“教书匠”，他们主要通过详细讲解和示范向学生传授与体育相关的知识和技巧。在新课程理念的引领下，体育教师不仅应成为学生学习和成长的引领者，还应充当学生自我学习和自我发展的组织者、指导者、参与者、研究人员和服务提供者，并且全面负责教学过程的管理。

一、体育教师的主导性

体育教师和学生是体育教学活动的主要承担者，是体育教学系统中两个最基本的要素。其中，体育教师是负责体育教学的专门人员，承担着传播体育文化，传授体育知识、技术、技能，促进学生身体健康和提高民族素质的使命。相对处于不成熟时期的学生而言，教师闻道在先，在体育教学中起主导作用。这种主导作用的体现：教师要先于学生认真钻研教材，研究学生的个体差异，在此基础上设计教学，优化教学过程；启发学生的学习主动性，引导他们掌握知识，学会学习。因此，正确理解教师的主导性对提高教学质量是至关重要的。

二、体育教师主导性的内容

当回顾国内外的课程改革历程时，我们会发现教师经常是课程改革中的核心要素。在教学过程中，教师的角色和影响对教学成果起到了关键性作用。在新一轮的体育课程和教学改革中，体育教师被要求在教学过程中发挥最大的主导作用，这主要体现在以下几个方面：

（一）贯彻体育教学指导思想

不同的历史时期有其独特的体育教学方法，我国在20世纪30年代主要推广的是欧美地区的自然主义和实用主义体育理念；新中国成立后，涌现了如“运动技能教育”和“体质教育”这样的体育教学观念；在新的体育课程改革进程中，我们再次确立了“健康第一”的核心理念。指导思想的转变反映了人们在不同的历史时期对体育教学有着不同的看法和理解。体育教学的核心理念不仅在体育教材中得到体现，而且在实际的教学过程中同样得到彰显。体育教师的关键职责之一就是在教学活动中实施先进的体育教学指导思想，只有这样才有可能实现先进、科学和合理的体育教学实践。

（二）对体育教学活动的总体设计

体育教学作为一项集体活动，只有通过精心策划和设计教学方案，才能全面达成体育教学的综合目标和功能。首先，体育教师扮演着教学活动设计者角色。高质量的体育教学设计能够大大激发学生的学习热情和主动性，让他们积极参与教学过程，从而全方位地完成教学目标。为了进行精细的教学设计，教师需要全方位地理解体育教学目标、教学内容的独特性及学生的个性化需求等。其次，体育教师扮演着教学活动策划者角色。对一堂体育课来说，如果能够合理地安排时间、紧凑地安排活动、恰当地安排内容和适当地分配负荷，就有可能激发学生的思考能力和学习积极性。最后，体育教师负责管理教学过程。体育教学是在一个开放的环境中进行的，这就对教学管理提出了更高要求。体育教师作为一名管理者，其管理职能主要是通过对教学过程的精细调整来实现的，包括但不限于对教学环节、教学节奏及教学环境的有效管理。

（三）对教学内容、方法和手段的选择

不同的体育教学培养目标会直接影响体育教学内容、采用的教学手段和方法的多样性。在选择体育课程教学内容时，体育教师不仅要考虑当前的体育教学观念和目标，还需要重视学生的身体状况和他们已经掌握的技能水平。在选择教学内容时，体育教师应该充分考虑其时代性、民族性、全球性、文化性、健身性和知识性，并且根据实际情况进行灵活选择和布局。

体育教学的各种方法和工具都是为了达成教学目标和提升教学品质而设计的。在选择教学方法和手段时，体育教师应全面考虑体育教学目标、内容的特性及学生的个体差异等多个因素，需要坚持将理性与情感相结合的教学方法，充分发挥教师的主导和学生的主体作用，将严格的课堂组织纪律与生动活泼的教学氛围相结合，激发学生的练习兴趣和培养他们刻苦锻炼的精神。这就要求体育教师不仅要掌握体育学及其教学论的相关理论知识，还需要运用系统的观点，全面考虑体育教学过程的各个环节并进行合理的统筹安排。

（四）引导学生学习，激发学生的积极情感

学生是学习活动的主要执行者，而教师的主导作用体现在如何影响和引导学生的学习进程中。一方面，教师有责任协助学生将分散的体育知识整合在一起，构建一个与他们的认知能力紧密相关的“知识板块”，并且能在日常生活中以灵活和创新的方式应用这些知识。另一方面，目标是指导学生掌握学习方法。在这个知识急速增长的时代，知识的广度与学生有限的学习时间和精力之间的矛盾使培养学生的学习能力变得至关重要。只有掌握了适当的学习方法，学生才能更加自主、灵活、有创造性地进行学习。体育教师的主要任务是深入学生的学习旅程，确保学生在明确了学习目标后能够掌握科学的学习策略和思考方式。

此外，体育学习并不是一个机械化的过程，情感对学生的成长至关重要。是一种低效、苦涩的学习，还是一种愉悦、高效的学习，关键在学生对学习内容的情感反应。教师的情感引导是创造愉悦学习氛围的核心，体育教师应致力于营造一个自由的学习环境，让学生能够“呼吸自由的空气”。

（五）创造适合学生学习的体育教学环境

所有的体育教学活动都与特定的教学环境紧密相连，与其他学科的教学环境相比，体育教学环境通常具有独特之处，既开放，又充满了各种挑战。体育教师应当创造一个优质且安全的体育教学环境，可以通过提供高质量的体育教学环境帮助学生掌握体育技能，培养他们对体育的兴趣。

为了创建一个优质的教学环境，教师需要对学生充满热情，深入了解他们的需求。这意味着教师与学生之间需要有深入的心灵交流和沟通。安妮·福莱斯特和玛格丽特·莱因哈德的《学习者的方法》中提到，为了在各个学校的班级中营造一个轻松的学习环境，教师需要在几个关键领域付出努力：一是教师与学生之间应保持平等、相互尊重、相互关心和合作，这种新型的人际交往模式将成为推动学生学习主动性发展的动力。二是致力于创建一个民主的课堂环境，鼓励学生勇于表达不同观点。三是精通与学生交流的艺术，擅长利用眼神和面部表情与他们进行有效沟通。

三、正确发挥体育教师主导性的条件

在体育教学中，教师是闻道在先、知之较多者，教师的主导作用能否得到充分发挥决定着教学的成败。正确发挥体育教师的主导性应具备以下 3 个条件：

（一）更新教育教学观念

身为体育教师，只有当我们对体育教学改革的理论背景和教育思潮有深入的了解并在掌握教育发展趋势的基础上，才能更加明确地认识自己在微观领域和岗位上应当具备的技能和知识，从而更好地优化自己的教学方法。因此，体育教师既需要明确社会对体育教学的期望和要求，如增强体质、促进健康、终身体育等理念，同时也要了解教育教学领域的知识观、学生观、人才观等的最新变化。此外，体育教师还需要深刻理解体育学科的核心价值和其在当代社会中的责任。只有将社会需求与学生的学习需求紧密结合，体育教师才能确保在发挥主导作用时始终走在正确的道路上。

（二）丰富的教育科学知识和精深的体育专业知识

教学被视为一种科学，它遵循着固有的规则，不遵循这些规则的教学往往效率低下，甚至可能导致失败。因此，体育教师需要深入了解学生身心发展规律和教育教学的基本规律，掌握体育教学的基本原则和方法，这样才能激发学生的学习兴趣和积极性，从而提升教学质量。

在教授体育课程时，体育教师必须掌握的专业知识构成了其专业能力的核心。这些知识涵盖了体育科学的基础理论，如运动解剖学、运动生理学和运动生化等，体育专业的技术和理论，以及体育专业教育的技术和理论，如体育保健知识、运动技术的教学训练方法、体育竞赛学和体育健身方法等，还包括体育教学论。在教学活动中，教师不仅要专注于动作技巧的教授，更应融入运动解剖学、生理学、体育健身和保健的相关知识，协助学生掌握如何进行体育锻炼和如何维持健康的生活习惯。

（三）熟悉学生

身为一名体育教师，有责任深入了解自己需要引导和培育的目标群体。因此，在正式开展教学活动之前，教师需要深入了解学生的共同特点，如他们在不同年龄段的身体和心理发展特点、对体育学习的兴趣和期望等。更重要的是，教师需要重视学生之间的个体差异，深入了解每个学生在体育学习中的经验、遇到的挑战及他们在身心发展中的个性特点，建立关于学生身体和锻炼情况的详尽档案，确保这些信息在教学中得到充分记录。只有运用这种方式，教师才能更好地了解学生，才能将运动技能的教学与学生的个人条件紧密结合，实现因材施教。

第二节 体育教学中的学生

在体育教学活动中，学生是另一个核心组成部分。他们是在教师的引导下进行体育学习的个体。在教学活动中，学生不仅是认知的对象，同时还是认知的中心。与客观的知识体系相比，学生被视作学习的客体。这意味着与社会的期望、新的教学内容和教师的观点相比，学生往往处于被动的角色。因此，教师需要有目标、有策略、有组织地指导他们，将特定的教学要求转化为学生的内在需求，并且将新的教学内容转化为学生的综合素质。深入了解学生的主体性和客体地位，将有助于体育教师更好地发挥主导作用。

在学习客观知识的过程中，学生成了学习的主体。由于学生是充满活力和主观能动性的个体，是学习过程中的主导者，所以任何来自外界的影响都必须通过学生主动地吸收和转化才能真正产生教育上的影响。教师的指导只是一个外部因素，所有的体育知识和技能都必须通过学生自主学习来掌握。因此，处于教学活动中的学生既是主体，又是客体，这体现了主体与客体的和谐统一。

一、学生学习的主体性

主体性指的是学生在教育过程中展现的主观能动性，详细内容涵盖以下几个方面：

（一）独立性

这意味着每名学生都是一个独特的存在，具有多样性。因此，在相同的教育影响下，他们的成长轨迹和最终成果会有所不同。为了充分发挥学生的主体性，我们首先需要意识到学生的自主性。

（二）选择性

这意味着学生在接受任何教学影响时并不是盲目或无条件的，而是基于他们的个人兴趣、爱好和能力，无论是有意还是无意地做出了选择。

（三）调控性

这意味着学生在学习的旅程中可以根据自己的实际状况进行自我管理、监控和鼓励。

（四）创造性

它代表了主体性的最高层次，意味着学生在教学过程中拥有自己特有的学习方式，或者能够形成与众不同的观点和见解。

（五）关于自我意识

这涉及学生在学习旅程中的自我认知，包括他们在教育过程中的角色、状况、感受和行动等方面。学生对自己的了解越深入和客观，其主观能动性就越强。

二、学生学习主体性的内容

体育教学活动以学生为主体，学生通过自己的能动性、自主性自觉地参与到教学过程中，从而对教学产生影响。

（一）学生对体育教学内容的选择性

在体育学习过程中，学生的主观性主要体现在他们在选择学习内容和学习方法的决策上。体育教师在对内容进行筛选后做出了“有限选择”，这种选择在满足学生学习兴趣和需求的个性差异方面起到了关键作用，也是学生主体性得以充分发挥的一个重要方面。

（二）学生在体育学习过程中的自主性

在体育学习过程中，学生自主性的体现：他们可以根据自己的实际情况规划自己的学习进度，自主选择学习内容和方法，进行自我调节和控制，以及发掘自己的潜能。

（三）学生在体育学习过程中的能动性

在学习的旅程中，学生的主动性主要体现在两个方面：一是他们对体育教学和课外体育活动的热情参与。二是他们依据自身在体育领域的知识和经验，以及对体育的态度，主动地将外部教育的影响融入其中，并且对其进行吸纳、改进、处理或排除，从而使新的和旧的体育知识得到持续融合。

三、充分发挥学生主体性的条件

在课堂教学过程中，培养学生的主体性是提升课堂教学质量和素质教育的必要条件。在教学过程中，强调学生的主体性并不意味着忽视教师的主导，而是遵循“教师主导与学生主体相互融合”的教学原则。在培育学生的主体性时，教师需要关注以下几个关键领域：

（一）确立现代学生观

与“应试教育”相对照，现代学生观是基于将学生视为“知识的承载者”这一观念而形成的。在现代学生观中，学生被视为一个独立的存在，就像一个完全独立的宇宙，拥有自己独特的性格和价值观。教师不能简单地用一个统一的标准看待不同个性的学生，而是应该尊重每个学生的独特性，顺势而为，帮助他们实现自我价值。教师在教学过程中应当确立对学生的现代观，视学生为生命的中心，尊重他们的主观能动性，努力在教学活动中激发和引导学生主体性的发展。

（二）发挥教师的主导性和创造性

学生的主体性得以充分展现在很大程度上依赖于教师的引导作用。在新的课程改革之后，体育教师获得了更多的独立设计机会，可以自由选择教学内容和方法。这有助于建立一个更高效的教学管理体系，激发教师作为教学主体的创新能力，同时激发学生的学习积极性。

（三）营造民主、和谐、愉悦的课堂教学气氛

真实的民主教育应当是和谐的，这是培育学生主体性的关键要素之一。不管是负责教育的管理者，还是负责体育教学的教师和学生，尽管在知识和经验上存在差异，但在个人地位上都是平等的，并且应得到彼此的尊重。在进行体育教学时，教师应通过精心设计的问题激发学生主动思考，同时还要鼓励他们勇于提出各种不同的观点，最大限度地激发学生的主观能动性。鉴于学生个体之间的差异，教育者应当根据每个学生的特点进行教学，特别是要重视激发那些学习较慢的学生的自信心和积极性。总的来说，一个民主、和谐的课堂环境有助于教师赢得学生的尊敬和喜爱，学生因为“尊重教师而信仰其教导”。

（四）尽可能为学生提供主动参与教学活动的机会

学生对体育教学活动的积极参与意愿体现在他们的参与意识上。只有当学生具备强烈的参与意识时，才会表现强烈的投入欲望和积极的参与行为。学生的参与意识依赖于教师的启发和诱导。因此，在进行体育教学设计时，教师应运用其卓越的教学技巧和艺术进行有效的指导，以增强学生的参与意识、纠正他们的参与动机、提升他们的参与能力、激发他们的参与热情，从而更好地体现学生的主体性。

（五）注重学习方法的指导

优秀的学习方式不仅是学生自主学习的基础条件，还是提升学生学习效能的关键保证。学生之间学习成绩的差异在很大程度上反映了他们在学习效率上的差距，学习效率的不同常常体现在不同的学习策略上。在体育教学过程中，教师需要融入各种学习方法，确保学生能够掌握求知、观察、思考和操作的技巧，从而培养强大的学习能力，

并且使其掌握关键的学习策略。只有这样，学生独立学习的过程才能流畅，他们的自我成长能力也会得到提高。

（六）善于培养和调动学生的非智力因素

对学生而言，非智力因素直接决定了他们的认知成果。这些因素涵盖动机、兴趣、情绪、决心和个性等多个维度。学生的素质发展在很大程度上受到非智力因素的推动，这些因素直接决定了学生智力发展的方向。一个人的智力属性决定了他是否能够完成某项任务，而非智力因素则决定了他是否愿意去做。因此，在教育过程中，我们应该有针对性地培养学生的非智力因素，增强他们的学习主动性。体育教师要探索如何增强学生的学习兴趣、激发他们的情感和学习积极性，并且增强他们的意志力和其他非智力因素的影响。

第三节　体育教学中的主导性和主体性

建立新型的师生关系是确保学生在教育过程中处于核心地位的关键。这意味着在日常生活中，我们应该尊重学生，视他们为朋友，并且确保在教学过程中与学生享有平等的权利。教师的角色也应从知识的传递者和占有者转变为学生学习的引导者和指导者，从单纯的“授之以鱼”转变为“授之以渔”，将学生视为学习的中心，教授他们探索知识的技巧。

一、体育教师的主导性与学生的主体性相辅相成

在学生整个学习旅程中，教师的主导性意味着其所展现的指导和引导作用；学生的主体性涉及学生在学习过程中的自我定位、自我管理及有意识的行动。教师的主导作用与学生的主体性之间的联系体现

在“学习过程”上中，这意味着教师对学生的学习过程提供了有力的指导，而学生的主体性则主要体现在“学习过程中的主体性”上。

教师的引导作用与学生的主观能动性是相互关联、互为补充的。为了有效地激发学生的主观学习能力，教师的主导作用应当被充分发挥；在学生学习的过程中，教师的引导是不可或缺的，当学生的主观能动性得到更好的展现时，他们更加需要教师的引导。只有将正确的“引导”与积极主动的“学习”结合在一起，教学过程才能真正有效。

在教学过程中，教师主导作用的主要体现：对教学大纲有深入的了解，明确设定教学目标，创造适宜的教学环境，掌握学生的兴趣和需求，并且在此基础上精心设计教学流程，激发学生的学习热情，确保教师与学生能够和谐、相互支持地实现教学目标。学生的主体性体现在他们的自主性、主动性和自我意识上。因此，在体育教学过程中，教师的引导作用与学生的主观能动性是相互补充和互相推动的，它们共同构成了一个事物的两个维度。

二、正确发挥体育教师的主导性是充分发挥学生主体性的前提

素质教育强调学生是学习和发展的中心。因此，在体育教学中，我们应该重视弘扬学生的主体性，让他们能够主动、生动、活泼地进行体育学习；当学生展现更强的主体意识时，教师应更加主动和高效地给予指导。在教师的引导下，学生的主体性逐渐得到体现。因此，要想充分激发学生的主体性，就必须正确地发挥体育教师的主导作用。

在教学过程中，教师主导角色的充分发挥是实现学生主体性的基础条件，教师的主导性越强，学生的主体性就越有可能得到充分体现。

高素质的教师通常会高度重视对教材和学生的深入研究和掌握，将自己独特的见解和新的视角整合到教学计划中，从而充分激活学生的知识和文化储备，进一步为学生的主体性发展创造有利条件。

（一）体育教师的职业特征和素养决定了教师的主导作用

教师在社会中的角色可被描述为“知识的发源地”“道德的代表”和“社会价值观的象征”。在教学活动中，教师需要根据社会的期望和反映社会需求的教育目标策划、组织和执行教学任务，引导学生通过主动学习掌握知识和技能，培养各种能力，塑造他们的思维方式、价值观和个性特质。身为体育教师，他们都经历了专业的培训和教育，“闻道有先后，术业有专攻”，他们在思维、知识和能力上都超越了学生，这使他们有能力为学生提供更好的指导和支持。

（二）教师的主导要着眼于学生的主动性

新的体育课程强调在体育教学中激发学生的学习积极性，将课堂归还学生，这意味着教师要为学生创设情境并引导他们发挥主动性。因此，我们应当从辩证的角度审视教师的引导作用和学生的主体性，确保两者都能得到恰当的展现。

第四章　体育运动的训练方法

为了完成特定的训练任务、提升特定运动表现并实现训练目标，教练员和运动员选择并实施特定的训练方法和路径。

在现代社会中，随着运动训练的快速发展和训练环境的日益改善，运动训练成效在很大程度上依赖于所采用的训练手段及其应用的准确性。因此，为了确保训练能够达到预期效果并按时完成训练任务，教练员必须熟练掌握并正确运用各种训练方法。

随着运动训练实践的持续发展，存在多种不同的运动训练方法，其中常见的包括重复训练法、持续训练法、间歇训练法、变换训练法、竞赛训练法和综合训练法。

第一节　重复训练法

一、重复训练法的概念

重复训练法允许在不改变动作结构和负荷数据的前提下，根据特定标准重复进行相同动作的练习。虽然重复训练法并未对两次练习之间的休息时间做出严格规定，但其基本目标是确保运动员身体能够得到基本恢复。重复训练法的要素包括练习的持续距离、持续时间、频次、强度及休息间隔等。

二、重复训练法的特点

在每一次练习中，动作结构和负荷数据保持不变；每一次的练习强度都相对较高，可以使用极限或次极限的强度；需要确保有充足的休息时间，以便身体能够得到基本恢复。周期性和非周期性的项目训练，以及身体、技术和战术训练，主要采用重复训练法。

三、重复训练法的类型

根据单次练习的持续时间，我们可以将重复训练法分为三大类：短期重复训练、中期重复训练和长期重复训练。

（一）短期重复训练法的应用

在磷酸原系统的能量供应条件下，短期重复训练方法被广泛应用于具有高爆发力和快速运动能力的运动技巧和运动品质的培训中。所有以体能主导的速度或力量运动项目的技术和素质训练，所有以技能主导的对抗性和表现性运动项目的高难度技术训练，以及相关的速度和力量素质的发展，都是以这一训练法为主导的。

（二）中期重复训练方法的应用

中期重复训练方法普遍适用于糖酵解供能条件下的运动技术、战术和素质的训练。中期重复训练方法还普遍适用于运动员学习、形成和巩固动作强度较低的运动技术，适用于运动员掌握局部配合的运动战术。同时，该方法同样普遍适用于比赛成绩为 30 秒～20 分钟的体能主导类运动项群技术和素质训练。当然，对该类项群的训练还应辅以短期与长期相结合的重复训练方法。

（三）长期重复训练方法的应用

长期重复训练法主要是为了在无氧和有氧的混合供能环境中，对运动技巧、战术和个人素质进行训练。此方法同样适用于以体能主导的（2～5 分钟）耐力运动项目的技术和素质训练。显然，当这种方法与中期重复训练或持续性训练相结合时，它会展现更显著的效果。

四、运用重复训练法应注意的问题

第一，我们需要明确目标，并且准确地设定练习的数量、距离、持续时间、重量、重复次数、负荷强度等。

第二，依据训练任务明确重复训练法的具体要求。

第三，依据运动员的身体状况决定其运动负荷。

第四，在进行重复练习的过程中，应依据训练的实际需求强化技术指导，并且持续提出新的标准，以逐渐提升练习质量。

第五，确保有足够的休息时间，在首次练习结束后，当心率下降至每分钟 110 次或更低时，再开始第二轮的训练。

第六，我们需要加大思想教育的力度。重复训练法往往显得单调和乏味，所以对少年儿童来说，我们需要采用适当的教育策略激发他们的学习兴趣和热情。

第二节　持续训练法

一、持续训练法的概念

持续训练法是指在相对较长的时间里，用较稳定的措施，以强度不太大的要求连续进行练习的方法。

二、持续训练法的特点

持续训练法的显著特性是需要较长的练习时间，尽管连续练习的次数较多，但其强度相对较低，通常应维持在60%的水平。鉴于这种特性，持续训练方法对身体的刺激相对温和，虽然训练的速度较慢，但其效果是相对稳定的。

持续性的训练方法不仅适用于周期性的项目，还可以应用于非周期性项目中的单一或组合动作。此外，这种方法也被广泛用于提高耐力，学习和掌握动作技巧、战术，以及在训练中的巩固和提升。

三、持续训练法的类型

基于训练的持续时长，我们可以将持续训练法划分为3个主要类型：短期持续训练、中期持续训练和长期持续训练。

四、持续训练法的应用

（一）短期持续训练方法的应用

在体能主导的运动项目中，短期持续训练方法得到了广泛应用，同时也适用于技能主导的运动项目，特别是那些动作强度较高的素质、技能和战术训练。

（二）中期持续训练方法的应用

中期持续训练方法广泛适用于技能主导类运动项群的多个项目，包括多种技术的串联、攻防技术的局部对抗、整体配合战术或技术编排成套的技术或战术训练，以及体能主导类耐力性运动项群的训练。

（三）长期持续训练方法的应用

对于体能为主导的耐力性运动项目，长期持续训练方法具有直接训练的重要性。在实际操作中，长期持续训练方法呈现3种主要变化模式，分别是匀速持续训练、变速持续训练和法特莱克训练。在长期持续训练方法中，匀速持训练和变速持续训练与中期持续训练的主要区别：前者的负荷强度低，后者的负荷时间更长，在训练场上的变化也更频繁。

五、持续训练法应注意的问题

第一，对少年和儿童运动员来说，在采用持续训练方法时，必须对其负荷的大小和强度进行适当控制，不能过大。

第二，在利用学习提升技术、策略和增强耐力的过程中，主要方法是增加练习时长，然后是有节制地增加训练强度。

第三，根据运动员在不同训练阶段的实际状况和他们需要完成的特定任务，确定不同的训练强度和时长。

第三节　间歇训练法

一、间歇训练法的概念

间歇训练法指的是运动员在完成一次或一组练习后，根据严格设定的休息时间，在身体还未完全恢复的前提下，继续进行下一组或下一轮的训练活动。间歇训练方法在周期性和球类运动中得到了广泛应用，其主要目的是促进运动员心血管系统健康和提高其运动能力。

二、间歇训练法的构成要素

第一，每一次练习所需的距离或持续的时间。

第二，每一次练习的重复次数及其组的数量。

第三，每一轮练习所需的负荷强度。

第四，每一次或每一组练习之间的时间间隔。

第五，休息时的模式。

三、间歇训练法的主要特点

第一，负荷和休息是交替进行的，休息是有严格时间限制的，如果机体还没有完全恢复，就不要给予第二次负荷。

第二，尽管每一次的负荷持续时间并不长，但其强度可以根据训练过程中需要解决的具体问题进行适当的规划和调节。

第三，在休息的时候，主要是选择一个积极的休息模式。

四、间歇训练法应注意的问题

（一）儿童训练不宜用此法

通常来说，间歇训练法的强度相对较高，所以儿童在进行训练时应尽量减少或避免使用此法。在对少年运动员进行间歇性训练的过程中，需要准确地设定每一次练习的具体距离、重复的次数、负荷的强度，以及合适的间歇时间和休息模式。为了获得最佳的训练成果，我们应当加大对体育医疗监管的力度。

（二）间歇训练后的休息方式

间歇训练后的休息方式最好是积极地走、慢跑等，以加速血液回流，防止出现重力休克。

（三）不同的训练方案交替使用

运动员对某一间歇训练方案适应之后，应改变各要素的参数，采用新的间歇训练方案，以不断提高训练水平。

第四节　变换训练法

一、变换训练法的概念

变换训练法指的是在训练过程中有针对性地改变练习的负荷、动作组合，以及改变练习的环境和条件，从而进行训练的一种方法。

二、变换训练法的构成要素

第一，练习的数量和强度。

第二，动作的组合方式。

第三，训练的环境条件。

第四，训练所需的环境条件。

三、变换训练法的特点

运动员的身体受到负荷、动作组合、环境和条件等多种因素的影响，从而实现多样化的训练目标。变换训练法在各种运动项目中都有广泛的应用，无论是周期性的还是非周期性的。

四、变换训练法应注意的问题

第一，针对训练的特定任务及运动员在训练过程中遇到的主要难题，我们需要有针对性地调整练习的强度、动作的组合及所处的环境状况。

第二，为了促进技术和技能的学习、巩固和提升，以及身体素质的全面发展，应当调整训练要素。

第三，在采用变换训练法进行动作技术的学习、掌握和修正过程中，必须精确控制训练时间。一旦达到预定的训练目标，应立即恢复到正常状态进行练习，避免因训练条件的变化导致与比赛标准不一致的动力定型。

第四，采用变换训练法可以激发运动员的练习热情。在训练过程中，教练需要确保运动员不会分心，始终专注于练习的核心目标。

第五节　竞赛训练法

一、竞赛训练法的概念

竞赛训练法指的是在特定的比赛环境和标准下开展的训练方法。采用竞赛训练法可以显著提升运动员在运用知识、技术和战术方面的创造性能力，同时还能提高他们的身体训练水平。此外，这种方法在帮助运动员适应比赛复杂环境和增强训练实战性方面也具有不可忽视作用。

二、竞赛训练法的种类

根据不同的训练目标和任务，被广大人群所接受的竞赛训练方法包括游戏性、训练性、身体素质、技术与战术、非专项性、与高级运动员的练习、测试性和适应性等多种形式的比赛训练方法。

三、竞赛训练法应注意的问题

（一）竞赛训练法的选择

基于训练和比赛的具体任务，我们可以选择不同的竞赛训练方法。

为了巩固技术和战术，可以考虑使用技术和战术的比赛方法；为了评估身体训练的成效，可以使用身体素质竞赛的方法；为了更好地参与比赛，可以选择适应性的比赛方法。

（二）运动员的思想、品德和作风的培养

在竞技训练的过程中，运动员所面临的各种问题是最容易被揭示的，所以教练需要抓住每一个机会进行指导。

（三）防止伤害事故及产生过度疲劳

通过竞赛的方式进行训练，可以使运动员的情绪变得更加高涨，从而使比赛变得更加激烈。因此，我们必须高度重视，避免伤害事故。由于竞赛训练中的运动压力过大，所以必须严格控制比赛的次数和持续时间，防止过度劳累。

第六节　综合训练法

一、综合训练法的概念

综合训练法是指在实际训练中对各种训练手段进行综合应用的方法。综合训练方法可以更加灵活地调整运动负荷和休息时间，使之满足练习内容的需要，从而有效地提升身体素质和运动技术水平，使训练效果更显著。

二、综合训练法的组织方式

综合训练法主要采用3种组织方式：循环练习法、组合练习法和模式训练法。

（一）循环练习法

1. 概念

循环练习法是一种根据特定训练任务有针对性地建立多个“练习站”的方法。每个“练习站”都由一个或多个“练习站”组成，并且按照既定的顺序和路线，按照每个“练习站”规定的练习数量、要求和方法进行一周或几周的循环练习。采用循环训练方法可以显著提升运动员各方面的身体素质，特别是心脏、血管和呼吸系统的功能。这种方法不仅可以锻炼身体各部位的肌肉，还能让局部肌肉交替进行负荷和休息。此外，它还能激发少年儿童对练习的兴趣，有助于延缓疲劳。

2. 循环训练法应注意的问题

（1）根据训练的具体任务，我们需要为每个人安排“练习站”的练习，确保重点突出。

（2）所选择的训练内容通常意味着运动员已经完全掌握了动作技巧，这种方式更有助于提升训练的效果。

（3）在选择内容时应确保其全方位，这样有助于运动员整体素质的提升。

（4）我们需要从科学的角度规划运动负荷。根据训练的具体任务、目标对象的具体情况及练习的特性设定运动负荷。通常，一个“练习站”的练习量应为个人极限负荷的二分之一或三分之一，而高水平运动员的练习量可以是三分之二，但练习的周数不应过多。

（5）在采用循环练习方法时，必须对动作的标准和质量设定严格的要求。

（二）组合练习法

1. 概念

组合练习法是一种创新的训练方法，是基于多种训练方法的特性，将两种或更多的方法组合在一起。

2. 组合方式

（1）结合持续训练方法与变换训练方法。

（2）结合重复训练法与变换训练法。

（3）结合间歇训练法与变换训练法。

（4）结合持续训练方法与间歇训练方式。

（5）包括重复训练法、变换训练法及持续训练法在内的多种组合方式。

（6）结合持续训练、间歇训练及变换训练等多种方法。

3. 组合训练法应注意的问题

（1）教练员需要深入掌握各种训练手段的独特性质、功能及它们组合后的核心特点，以确保它们能够满足特定的训练需求。

（2）采用这种训练方法的运动员必须具备一定的训练能力，因为这种训练方法很难精确地控制练习的数量和强度。

（3）在设计组合训练法时，必须确保其满足比赛中对技能和技术应用的要求。不同的运动项目对运动员的素质和技能有不同的要求，如果不根据特定的比赛调整训练策略，组合训练方法就会变得毫无意义。

（三）模式训练法

1. 概念

模式训练法基于影响优秀运动员取得卓越成绩的各种要素，为运动员提供了有针对性的训练策略。这些建议涉及的要素涵盖参与运动的年龄、身体状况、开始特定训练的年龄、身体素质的各种标准，以及在训练中不同阶段的身体状况、技巧、策略，还有与特定项目紧密相关的其他要素的评价标准等。首先进行数据的收集和测量，接着对收集的数据做进一步的处理，从而明确各个要素的具体指标和它们在特定训练项目中的位置及作用，进而制定杰出运动员的训练模式，并且根据这些模式的要求进行运动员的选拔和培训。

模式训练法是通过将控制论融入体育领域，并且与实际训练经验相结合而形成的一种训练方法。这一训练策略允许教练定期地将运动员在训练过程中的各种表现和数据与模式标准进行对比，这样可以更早地识别潜在的问题，及时采取相应的纠正措施，确保训练朝着预定的方向前进。相较于仅仅依赖经验和指导，这种方法更科学，成功率也更高。

2. 模式训练的做法

模式训练的做法可被分为制定模式和实施训练计划两步。

（1）制定模式。在制定模式指标时，我们首先需要分析影响优秀运动员成绩的各种因素及其在整体中的地位和作用，然后确定这些因素的综合指标，进一步为不同年龄段的运动员设定相应的指标。在制订模式训练计划时，我们首先需要测量训练运动员的各种因素指标，然后与模式的各项指标进行深入的分析和比较，以识别其优点和不足，并且据此制订详细的训练计划。

（2）实施训练计划。根据预定的训练方案进行培训活动。在训练运动员的过程中，我们需要定期测量和分析他们的各种训练要素。如果检测到问题，特别是与训练模式存在偏差，我们应该立刻找出原因，调整训练计划，确保运动员的所有训练要素和成绩都朝着模式规划的方向发展，以实现最终的模式成绩目标。在体育训练的实际操作中，所采用的训练手段是非常丰富多样的。教练员在进行运动训练时，应当基于训练的独特性对训练内容进行深入探讨，并且从有效完成训练目标的角度出发，创新性地应用各种训练策略，并且在实际训练中创新方法。随着全球体育活动进入了一个新的发展阶段，各国都高度重视对训练方法的深入研究。希望我国的教练员们敢于尝试新的方法，持续进步，创造更多适合我国实际情况的训练方法。

第五章　重点体育项目的训练理论与发展

伴随着现代科学和技术的持续融合，众多的体育训练和比赛的理论、方法、工具、材料等相关领域正经历着翻天覆地的变革。目前，体育运动科学训练的理论与技术正处于一个既高度细分又高度整合的时期。因此，体育教师、教练员和学生不仅要重视学习和掌握各种相关的专业知识和技能，还需要擅长不断进行技术创新、方法创新和理论创新的实践活动。其中，对运动训练相关科学理论知识的理解和掌握显得尤为关键。接下来，我们将详细探讨足球、篮球、排球等多种体育项目在教学、训练和发展方面的相关内容。

第一节　足球运动教学训练与发展

随着现代足球运动的不断进步，全攻全守战术逐渐完善，这为足球的教学和训练提供了新的思路。例如，足球教学和训练应该与实际比赛紧密结合，而教学和训练的基础应该是提高足球运动员的实战技能。足球教学、训练内容及方法都应该从实际的足球比赛中吸取经验。因此，在足球教育和训练过程中，我国应当认真学习和借鉴世界的先进理念。

一、足球运动教学训练的基本原则

足球运动教学训练不仅是一个简单和无序的训练活动，还需要一个系统的、全面的教学训练计划，并且必须遵守一些基本原则。与篮球和排球运动相似，足球教学和训练也应当遵循主体性、实效性、直观性、循序渐进性、对抗性、区分对待、周期性、将常规训练与专项训练相结合及合理分配运动负荷等原则。

二、足球运动教学训练方法

（一）熟悉球性和增强球感的训练方法

1. 熟悉球性的训练

关于球性训练的方法有很多种，如手持球进行各种环绕身体的训练；坐在地上，伸展双腿，进行让球在两腿之间滚动的训练；坐在地上，用双腿夹住球并抬起，然后躺下进行把球送到手上的训练；站立时，用双腿夹住球并屈膝跳起，然后向前方或后方投掷球的训练；将球放在两脚之间来回滚动的训练等，都有助于更好地了解球的性质。简言之，如果想深入了解球的性质，我们应该尽量多地与球接触，这样可以确保在踢球时，身体的动作与球的动作能够更好地协同。

2. 颠球训练

（1）颠网袋中球。对初学者来说，可以开始练习颠球，可以将足球放入网袋，然后用手抓住网袋的上端，用脚的各个部位熟悉球的性质，感受触球后球的变化规律。

（2）手抛式颠球。对初学者来说，由于他们还没有完全掌握用脚控制球的技巧，所以可以选择使用手抛球的方式实现自抛自颠的效果。采用脚背的正面、大腿、胸部和头部进行连续的颠球动作，目的是尽可能地增加训练时长。

（3）颠球比赛。该比赛是在给定的时间内进行的。尽管颠球可能会失败，但在球落地之后，球员仍有机会继续颠球，并且积累颠球的次数。这种训练不仅能激发训练者的热情，还能增强其训练的力度。

（4）颠球的组合方式。在熟练掌握颠球技巧的基础上，依次进行脚背正面（左右）、脚内侧（左右）、大腿（左右）和脚背外侧（左右）这 8 个部位的颠球，还可以增加头部、双肩和胸部这 4 个部位，总共 12 个部位的颠球。

（5）行进间颠球：在精通颠球技巧的前提下，执行规定距离内的行进间颠球活动，以最大限度地减少球落地的频率。

（6）颠传球。颠传球是指 2 人或 3～5 人进行颠传，以提高对球的控制技巧。

（二）运球技术训练方法

这里只介绍运球过人的训练方法。

1. 训练的形式与方法

（1）一过一训练，是指两人进行的一球训练。运球者对防守者进行过人运球训练，防守者采取消极的防守策略。一旦防守者掌握得相当熟练，便会采取主动防守策略。这项训练允许球员在每一次训练中切换不同的角色。

（2）在一对一运球突破对抗训练中，两人间距 5～8 米。假设球员 B 将球传给球员 A 后迅速迎头赶上进行逼抢，球员 A 接住球后再次运球突破球员 B，并且在突破后与球员 A 保持适当的距离；之后，轮流进行该项训练。

（3）关于突破传球的训练：在一个限制区域内，进攻和防守的队员各有 3 人，其他队员是不被允许进入的。供球队员将球传送到限制区的任意位置，而进攻队员在控制住球之后，必须首先突破防守方才能传球。在受限制的区域里，防守方的球员可以要求进攻方在接球并转身之后才开始争夺球权。

2. 训练要素的变化

（1）运球过人技巧存在多种方法。初学者在学习运球过人时，应确保方法简单、实用。

（2）活动速度调整。初始阶段可适当降低速度，需特别注意重心变化。当熟练掌握技能后，可以逐步提速或结合快慢来运球。

（3）技术组合的演变。初学者在开始训练时应该进行一些基础的运球和过人训练，如左晃右拨和强行突破等。随着技术动作的熟练掌握，他们还可以加入更多的转球、跳扣和连续过人等组合动作。

（4）对抗强度的演变。训练中的对抗强度应从最初的无对抗逐渐转变为有对抗，从被动对抗进化为主动对抗，并且在比赛中得到应用。

（5）训练强度的调整。在学习动作的过程中，主要的动作需要反复执行，并且应增加训练频率。在掌握了基础动作之后，可以通过改变动作组合的方式激发学生的学习热情，从而有助于调整训练强度。

（6）训练场地的调整。需要仔细调整运球场地的尺寸，并且可以思考增设一些限制性标志物。这些标志物在开始时应该是有序的，但根据运球动作的熟练程度，可以采用不规则的摆放方式，从而增强学生运球时的变向能力。

（三）踢球技术训练方法

1. 关于无球的模仿练习

无球模仿练习需要初步体验动作的感觉，确定击球的脚型和踢摆的方式。在进行训练时，务必确保身体处于放松状态，并且妥善控制击球的位置、脚型及踢摆的节奏和速度。

2. 关于踢固定球的训练

学生可以选择一个人将球压在脚的下方，而另一个人则用脚的不同位置来踢球，这样可以更好地理解脚接触球的位置。

3. 关于踢定位球的训练

学生可以自行对足球墙或足球网进行训练，或者选择多种训练方式；训练的距离可以从近到远，从固定的目标转向活动的目标。在进行模仿训练的同时，还需要深化学生对触球动作的理解和体验。在训练中，我们应该更多地关注动作的和谐性和精确性，而不是单纯地关注踢球力量。

（四）接球技术训练方法

1. 训练的形式与方法

（1）训练者采用自我抛掷和自我连接的方式进行训练。

（2）在传球的过程中，需要对多个部位进行接球训练。

2. 训练要素的变化

（1）初学者开始接球时的动作可以相对简单，需要重点关注接球时的各种动作变化，如迎撤、拨转和切挡等动作之间的差异。

（2）接球时，务必注意调节力量的大小，并且根据接球动作的熟练度，起初应保持较小的力量，随着熟练程度的提高，力量逐步增强。

（3）接球路径：可以首先将球接到地面上滚动，接着是空中的球，最后是平空的球。接球时，可以选择先用脚，然后是胸部、大腿、头部或腹部等部位。

（五）头顶球技术训练方法

1. 训练的形式与方法

（1）在原地进行无球的模仿练习。

（2）在跑动时进行无球模仿训练，或者在跳跃时进行无球模仿训练。

2. 训练要素的变化

（1）活动模式的调整：训练开始时，首先进行原地无球模仿练习，随后转向跑动或跳跃的无球模仿练习。

（2）活动速度的调整：务必先减缓速度，再增加速度。

（六）抢截球技术训练方法

1. 训练的形式与方法

（1）在行进过程中，向左和向右轮流进行蹬、跨、断、抢的模仿训练。

（2）从侧面或后方迅速冲上前去拦截队友的传球。

2. 训练要素的变化

（1）活动模式的调整：开始训练的时候，可以首先进行无球断球练习，掌握断球的最佳时机和位置，再逐步结合传球技巧进行训练。

（2）训练中的对抗性和动作速度的调整：根据学生对断球的掌握程度，逐步提高他们的对抗性。同时，他们的跑动和传球速度也应逐步提高。

（七）掷界外球训练方法

1. 训练形式与方法

（1）进行徒手模仿练习。

（2）两名选手各持一球，根据规则进行掷球，并且进行掷界外球的练习。

（3）当一个人进行掷球动作时，另一个人假装在前方接球，然后突然转身逃跑。掷球人用力向前方投掷球，接球人则努力抢点以确保球被正确接住。

2. 训练要素的变化

（1）活动模式的调整：开始训练的时候，可以首先进行无球练习，掌握掷球要领后，再逐步结合传球技巧进行训练。

（2）动作准确度：掷球人控制好掷球的角度和幅度，接球人努力抢点，确保球被正确接住。

三、足球运动教学与训练的发展趋势

（一）足球运动教学的发展趋势

目前，我国的足球教育正在展现三维特色。更具体地说，足球教育的未来发展主要集中在以下几个关键领域：

1. 教育的理论和方法正在持续得到完善

随着时间的推移，足球教学的理论和方法不断得到完善，这已经成为我国足球教育的一个主要发展方向。例如，大量的尖端科技成果被广泛应用于教育领域，为足球教学带来了众多创新方法。此外，根据新的国家体育教学目标，高等教育机构需要培养更多全方位发展的高质量人才，所以足球教育者也在不断地将创新的教学策略融入实际教学中。

2. 所选的教学内容变得更为合适

随着社会对足球教育的深入理解和对人才的更高期望，足球教师在选择足球教学内容时变得更加理性。为了更全面地培养学生的综合素质，足球运动教学不仅包括足球技能的教授，还特别强调足球理论知识的教授。鉴于学生在教学过程中的核心地位受到了高度重视，教师在选择教学内容时也会深入考虑学生的实际需求，特别是他们的个体差异，努力融入一些创新的教学内容。

3. 制定课程目标时更为科学合理

在健康至上、人本主义和终身体育等核心理念的引领下，我国足球教育目标的设定变得更为科学化。在设计教学内容和选择教学方法时，我们都会基于实际情况，以满足学生的需求为准则，特别强调课程目标的科学性，并且以此为基础组织足球运动教学活动。

4. 教育的组织方式变得更为完善

现阶段，我国的足球教育已经开始探索并逐渐采纳分班和分组的教学方法，使足球教学更具针对性，实现了因材施教。采纳分班和分组的教学方法是我国足球教育组织方式的一个显著进步，值得被广泛推广和应用。

5. 更加重视学生在教学过程中的积极参与

人本主义是我国足球教育的核心理念，强调学生在足球教学中的积极参与已经成了一个主要的教育发展方向。在足球教学过程中，我们更多地强调学生的积极参与，根据学生的实际需求选择教学材料，重视教师与学生之间的互动，并且给予学生课余时间训练的适当指导。

6. 确定的考核标准变得更为合适

在足球教学活动中，评估标准的设定变得更为合适，评价足球教学的方式更倾向于对学生的学习进程进行评估。这不仅包括主观评价，还包括客观评价。这些评价标准并不仅仅是基于学生对某一技能或战术的掌握程度，还反映了学生在学习旅程中的态度和实际的锻炼成果。

（二）足球运动训练的发展趋势

我国的足球运动训练将呈现以下几个方面的发展趋势：

1. 需要加大对组合技术的培训力度

足球训练是一项系统性和复杂性都很高的活动。运动员需要充分激发自己的创新潜能，加强对各种足球组合技术的训练和应用，以全面掌握足球运动中的停、踢、顶、抢等多种技术动作，以及这些技术方法之间的密切联系。

2. 需要高度重视足球比赛的组织与参与

在足球运动教学和训练过程中，高度重视并有效运用竞赛作为一种杠杆机制，促进了运动员在足球竞技方面水平的提升，被认为是一个重要的发展方向。为了建立多层次的足球比赛体系并合理地组织足球比赛，体育管理部门需要积极地参与区域内和区域间的足球竞赛体系建设。这样可以促进区域间的足球训练成果交流，增加运动员比赛实践机会。

3. 资金支持和政策介入

提高足球训练资金支持，并且通过政策和比赛机制的介入，对运动员的足球竞技表现产生积极影响。毫不夸张地说，在未来一段时期内，加大对足球训练资金的支持力度将成为我国足球事业的主要发展方向之一。

4. 加强对足球基础设施的建设力度

在足球运动训练过程中，足球场地和训练设备等关键硬件设施建设成了提升足球训练质量的关键物质支撑。针对这一点，与足球运动训练有关的各个部门和领导需要给予更多的关注，进一步加强足球场地和器材等基础设施建设。此外，我们还需要更多地运用先进的高科技工具和设备支持运动员的足球训练，这样可以为足球训练提供具体的生物学和生物化学数据，从而使足球训练更有针对性和科学性。

第二节　排球运动教学训练与发展

当今的世界正处于技术革命的新时代，这场技术革命对人才的素质提出了更高要求。人才的知识结构也经历了深刻变革，从过去的单一纵向发展模式逐渐转向了纵向与横向的均衡发展模式。特别是在培养创新型、开拓型和复合型人才方面，已经提出了更严格的标准和要求。对于那些专门从事排球教学的教师而言，仅仅依赖排球技术和战术知识是不够的，还需要拓展自己的知识领域，结合多学科的知识应对排球教学中出现的新挑战。尤其是那些致力于研究排球教学理论的专业人士，更应该及时地吸纳和补充相关学科的最新研究成果，确保排球教学理论研究能够与时代的发展保持同步。

一、排球运动教学与训练基本原则

（一）排球运动教学的基本原则

在排球运动教学中，既有普遍适用的教学原则，也存在针对特定情况的特殊教学原则。前一种原则包括系统性原则、自觉积极性原则、从实际出发原则、直观性原则和巩固性原则，而后一种原则是基于排球运动技能的开放性和对抗性理论，以及排球运动的特性和教学实践经验总结出来的，从认知策略角度来看，需要遵循以下 3 个独特的教学原则：

1. 遵循将学习技术动作与实际战斗应用相融合的原则

排球这项运动明显地结合了个人技巧和团队战术，由于它的对抗性和开放性，在教育过程中必须高度重视培养实战对抗能力。因此，我们必须将技术动作的掌握与实际应用能力的培养紧密结合。

2. 遵循技术的个性化和差异化处理原则

排球教学普遍致力于技术动作的标准化。然而，学习者在身体结构、行为模式、体质和智慧等方面都有所不同，所以在进行排球运动教学时，应当在标准化的基础上坚持技术个性化，允许学生在技术动作上存在微小差异。

3. 遵循专门性知觉优先发展原则

在体育教学过程中，学生对环境和工具的感知经历了一个专业化的知觉进化阶段。比如，在排球教学过程中，垫球训练被视为一种关键的感知手段。在当前的排球教学活动中，感知能力显得尤为关键，所以在教学过程中经常会大量运用对“球性”的熟悉训练，以优先培养这一能力，并且确保技术动作得到有效掌握。

（二）排球运动训练的基本原则

在排球运动训练中，应当遵循的核心原则涵盖了目的性原则、全面性原则、周期性原则、恢复性原则、针对性原则、循序渐进原则、科学安排运动负荷原则及训练与比赛相结合原则等。

1. 目的性原则

排球运动的训练是一种目标明确、有意识的活动，整个过程都受到特定目的的控制。排球不仅是一项需要克服自身惰性的体力活动，还是一种需要克服外部环境障碍的意志活动。为了确保在规定的时间内参与各种活动，运动员需要持续克服对舒适生活的过度追求和心理惰性。在进行排球运动训练时，运动员的身体需要承受额外的运动压力，这会导致体力额外消耗，所以缺乏明确的目标和积极主动的态度是无法持续的。

2. 全面性原则

人体内的各种组织、器官和系统之间存在着紧密的联系和相互制衡的关系，它们构成了一个有机的整体。在这样的环境中，运动员在进行排球训练时必须做到全方位训练，以促进身体各方面的和谐发展。为了更全面地实施全面性原则，在进行排球运动训练时，运动员应该综合考虑改善身体形态、提升身体机能、适应环境、抵抗疾病、愉悦身心等，以实现全面发展。

3. 周期性原则

所有种类的排球训练都必须按照特定的循环周期进行，循环不断地安排训练。经过一段时期的排球训练后，运动员的竞技表现有可能在一个完整的训练周期内达到最优水平，这种表现被称为竞技状态。通常，周期性的训练被分为 3 个阶段，分别是准备期、竞赛期和休整期。这意味着前一个阶段是后一个阶段的积累，每一个阶段都是在原有周期的基础上设定新的目标。在竞技状态发展过程中，3 个不同的阶段是密切关联的，它们构成了一个周期性的循环过程。为了周期性地提升运动员的运动表现，教练应当适时调整训练思维方式、课程内容及实施方法。

4. 恢复性原则

如果运动员长时间参与排球运动训练，身体就可能遭受较大冲击。在这种情况下，他们需要得到足够的休息，否则可能会出现过度锻炼导致的疲劳综合征。为了缓解这一症状，可以考虑延长两轮排球训练的休息周期，并且在训练过程中降低运动强度。对于那些经历了严重过度锻炼的人，他们还需要增加营养摄入、进行理疗和按摩等，以帮助身体恢复健康。

5. 针对性原则

鉴于每位运动员在年龄、身体状况和运动技能上都有其独特之处，采用相同的训练策略对不同的运动并不总能达到预期效果，所以教练需要根据每位运动员的具体情况，有针对性地选择合适的训练方式、内容和负荷。在排球训练过程中，每个人的起始点各不相同，而且随着训练的深入，每个人都会经历不断进步和变化，他们的技术缺陷也会有所不同。因此，在排球训练过程中，为了获得最佳训练成果，采取有针对性的策略显得尤为关键。

6. 循序渐进原则

在排球运动训练中，运动员会从最初的不适应状态逐渐转变为适应状态。此外，这个过程也标志着从“适应”到新的“不适应”的转变。当面临新的健身活动时，训练者最初可能会感到不太适应；但经过一段时间的锻炼后，他们会逐渐适应这种健身方式。当身体经历了持续的适应过程后，如果不增加训练负荷，也就是不增加负荷刺激，那么身体对这种负荷的反应会逐步减弱，直到不再明显，这就是“习惯性负荷”效应。此时，身体锻炼效果可能逐步减弱或变得不那么明显。排球运动训练实际是一个“两个转化”持续循环和螺旋式上升的过程。如果训练者想要在身体形态、生理、生化等方面取得良好变化，就必须遵循循序渐进的训练原则。

7. 科学安排运动负荷原则

排球运动的训练效果在很大程度上受到训练负荷安排的影响，只有在合适的负荷条件下，有机体才会做出适应性调整。排球训练的实践经验表明，高强度和大量负荷训练是提升训练质量和运动表现的决定性因素。当负荷降到过低水平时，它无法触发机体所需的应激反应。然而，当机体承受过大负荷时，它也可能出现退化，从而引发伤害和疾病。在排球运动训练中，为了合理地分配运动负荷，必须根据人体的适应性规律规划训练任务。

在排球训练中，我们应当遵循科学的运动负荷安排原则，并且特别注意这样几个方面：首先，根据运动员在排球训练中的表现确定合适的运动负荷。其次，妥善地平衡负荷量与负荷强度之间的关系。再次，妥善地平衡负荷与恢复之间的关系。然后，从小规模开始，逐渐增加，并且有条不紊地规划运动负荷。最后，在科学规划排球运动训练负荷时，充分考虑运动员的营养状态、学业负担及其他相关活动压力。

8. 训练与比赛相结合原则

训练与比赛是相互补充的关系。在排球训练过程中，每个训练周期的核心任务和比赛的频率都有所不同，所以比赛和练习安排必须是恰当的。通常，初学者和技术水平较低的队伍的比赛安排不宜过多，技术水平较高的队伍应该更多地参加比赛，这样可以通过比赛发现问题并进行有针对性的训练。

随着排球训练经验的不断积累和对训练过程中客观规律的深入理解，排球运动训练原则也在持续地完善和发展。此外，上面提到的原则并不是独立存在的，它们彼此之间存在深厚的联系和互动。

二、排球运动技战术教学与训练方法

（一）排球运动技术教学与训练方法

1. 准备姿势和移动的训练方法

（1）所有的学生被分为 2 组或 4 组，他们以半蹲的姿势站立，观察教师通过手势或持球发出的前、后、左、右移动信号；涵盖了一步或者两步的动作。

（2）与前述方法相同，观察教师信号，朝相反的方向移动。

（3）两名球员组成一个团队，其中一人持球向前方、后方、左侧或右侧投掷，而另一人则持续迅速地移动以接住球。

（4）两人组成一个团队进行“影子”游戏，其中一人可以前、后、左、右移动，而另一人则像影子般紧随其后。

2. 发球的训练方法

（1）用双手模仿发球的动作，并且重复多次。

（2）通过击打固定的吊球训练发球技巧，并且深入体验挥臂和击球的动作。

（3）通过持球和抛球训练，增强抛球的稳定性。多次重复训练。

（4）两人组成一个团队，他们之间的距离为 5～7 米，进行发球练习。

（5）两人组成一个团队，通过球网进行发球练习。

（6）两人为一组，站在发球区，进行发球技能训练。

（7）进行定位球训练活动。首先执行区域性的发球动作，随后是落点发球。

3. 垫球的训练方法

（1）徒手练习包括徒手两臂的夹持练习和徒手模拟垫球的练习。

（2）两人进行一组固定击球的训练，其中一人用双手将球准确地对准对方的击球点，另一人则采用垫球的方式进行击球，但不将球击出；持球者需要将球从上往下移动，垫球者则需要用正确的动作击打球的中下部，持球者可以适当地施加一些压力。

（3）自垫。一个人向上投出一个球，然后连续进行垫球。

（4）两人组成的小组之间的距离为 3～5 米，每组都有一人投掷、一人垫球。

（5）两人组成的小组之间的距离为 3～5 米，然后相互投掷、垫球。

4. 传球的训练方法

（1）徒手模拟传球的动作，并且多次重复训练来深入理解和体验这些动作。

（2）两人组成一个团队，其中一人持球时，按照一定的节奏从上方向对方的额头上方摆动，另一人则执行传球动作，深入体验对方的手形和施力技巧。

（3）在 2～3 米的距离内进行对墙传球训练。

（4）两人组成一个小组，他们之间的距离大约是 3 米，然后进行一次投掷和一次传球的训练。

（5）训练者以 3 米的距离排成两个纵队，进行跑动和传球训练。

（6）由 3 人组成一个团队，进行三角形传球训练。

（7）一人接球之后，再进行传球训练。

5. 扣球的训练方法

（1）在原地进行双脚起跳练习。在执行扣球动作时，需要用两脚用力地蹬地，并且通过两臂的划弧摆动配合起跳。在空中扣球时，手臂需要抬起并向后移动，形成扣球前的动作。落地时，双脚的前脚掌需要先着地，然后屈膝缓冲。

（2）进行一步助跑和起跳的训练。需要确保手和脚的协调配合，注意维持身体平衡，并且在起跳时展现强劲的爆发力。

（3）进行两步助跑的起跳练习，动作节奏由快变慢，步幅由小变大，两步之间流畅衔接，掌握跑动的节奏，起跳时避免前冲。

（4）多次进行网前助跑和起跳，熟练掌握助跑和跳跃技巧。

（5）进行挥臂和甩腕的训练，深入体验鞭打动作。

（6）两人组成一个团队，其中一人手持球高举至击球位置，另一人则用手臂击打固定球，以便更好地理解击球的位置和手势。

（7）在网上固定球体，深入体验网上扣球、击球点及手势。

（8）连续向墙壁扣动球体，深入体验挥臂动作及击球技巧。

（9）在网前进行自我抛掷和自动扣断的训练。

（10）在 4 号位置进行连续的扣球训练。

6. 拦网的训练方法

（1）仅用双手在原地模拟拦网动作，深入体验拦网时伸展手臂和击球技巧。

（2）在网前执行原地起跳的徒手拦网动作。

（3）两人组成一个团队，其中一人站在高台上持球，另一个人则跳起来稳定这个球。

（4）两人站在网的另一侧，同时在同一地点跳起并在网上击掌。

（5）在网的前方，两人组成一个小组，通过隔网相对的方式进行并步、交叉步和跑步等徒手拦网动作。为了确保移动的迅速性，两人需要紧密合作。

（6）网前三人各自持球站在高台上，对方多人在本方网前轮流移动拦网。执行起跳动作后，需在空中对腕部施加压力。

（二）排球运动战术教学与训练方法

1. 进攻战术教学与训练方法

在教授进攻战术时，首先要掌握“中一二”进攻策略，接着深入学习“边一二”，最终转向“插上”进攻，并且在此基础上训练各种高难度的进攻技术和复杂的团队配合技巧。掌握了基础的进攻阵形之后，需要密切关注进攻和防守阵形的衔接及组合训练，避免在进攻与防守之间产生脱节。

2. 防守战术教学与训练方法

在进行防守战术教学时，我们应该将其与进攻战术紧密融合，以便更好地安排教学内容。首先，为了配合“中一二”进攻阵型，我们需要先学习“中一三二”的接传球、垫球的全队防守，以及全队接发球的防守，还有在无人拦网和专人拦网的情况下的全队防守。其次，我们需要学习“边一二”的进攻策略，并且结合前排球员的位置互换、接传球、垫球和接发球的防守技巧，在单人或双人拦网的情况下进行接扣球的防守。最终，结合“插上”的进攻策略，掌握两人或三人拦网时的跟踪技巧。

三、排球运动教学的发展困境及建议

从教学的角度来看，我国的排球教学目前仍有很多需要改进的地方，如缺少实际操作和参与的机会，以及存在的教学滞后问题。由于受到传统教育方式的制约，在排球教学中，理论的教授往往超过了实际的应用，使学生获得锻炼的机会变得有限。由于缺少实际操作的教学方法，学生往往不太愿意参与排球训练，也难以真正理解排球的魅力，同时缺少对团队协作能力的培训，导致教学成果不尽如人意。因此，在排球教学和训练中，我们应当重视教学方式与内容的融合，创新教学结构，强调提高学生的参与度，激发他们的学习兴趣。在实际教学活动中，我们需要降低传统教育方式的占比，减少对实践的轻视。通过对排球教学模式的调研和改革，我们应从学生的实际需求出发，采用实践教学的方法引导排球教学过程。

在排球训练方面，相关调查数据显示，许多学生对排球训练的理解仍然存在明显的不明确性，对排球训练的真正意义和功能了解甚少。由于对排球知识的表面喜爱，他们并没有进行深入研究，这些主观因素成了排球训练进步的主要阻碍。此外，我国的排球训练制度仍需要进一步优化和改进。随着体育改革的推进，全国大多数高等教育机构都建立了专门的体育协会和其他体育组织，但这些组织的主要工作仍然集中在学校，限制了高校体育活动的自主性和灵活性。另外，我国在排球训练方面还面临着一系列问题，包括教练员经验不足、办学经费紧张、学习与训练之间的矛盾明显、训练时间受限、设备不足及医疗护理质量低等。为了推动排球训练的进步，我们需要确立正确的排球训练观，强化教练团队建设，提高团队之间的协同和管理能力，争取更多的支持，并且妥善处理训练与学习之间的关系。

第三节　网球运动教学训练与发展

一、网球运动教学与训练的原则

（一）网球运动教学的一般原则

1. 直观性原则

直观性原则强调网球教师应充分利用学生的感官和已有的经验，利用听觉、视觉和肌肉的感觉，帮助学生更深刻地感受、理解和掌握网球技巧和战术。对网球技战术的深入理解和掌握很大程度上依赖于直观认识，这对学生更有效地学习和掌握网球技战术具有十分重要的作用。

在网球教学过程中，实施直观性的教学方法需要关注以下几点：

（1）需要明确目标和标准。作为网球教师，应当有针对性地采用直观的教学方法，并且根据学生的个性特点及教学任务等因素进行具体的教学决策。

（2）作为网球教师，应当最大限度地利用学生的视觉、听觉及肌肉本体感觉，通过多种直观方式帮助学生形成明确认知。

（3）直观的教学方法不仅有助于确定动作的外在表现，还需要与实际操作紧密结合，这样才能取得最佳的教学效果。

2. 渐进性原则

渐进性原则构成了人们在学习过程中遵循的基础准则，这与人们的认知模式是一致的。在进行网球教学过程中，遵循渐进性的教学原则，从基础到综合，从初级到高级，目的是让学生逐渐熟练地掌握网球技术和战术。

在进行网球教学时，教师应遵循循序渐进的教学原则，并且特别注意以下几点：

（1）在规划网球教学内容时，教师需要确保内容的系统性，从基础到深入，构建一个完整的教学体系，帮助学生持续进步。

（2）考虑到运动技能的形成规律，教师需要对网球的教学内容和方法进行合理安排。从认知定向阶段、巩固提高阶段到熟练程度阶段，教师需要根据技能形成的阶段性特点和规律组织网球运动教学活动。

3. 因材施教原则

因材施教不仅是教育活动中的核心理念，而且在网球运动的教学中同样适用。“因材施教”这一理念强调网球教师在教学过程中应根据学生的个性和需求，为不同的学生提供差异化的教学策略，同时还要尊重他们之间的个体差异。

更明确地说，当我们坚守因材施教的理念时，需要关注以下几点：

（1）教师有责任深入了解学生之间的个体差异，这需要基于详细的调查和分析，这就构成了因材施教的核心理念。此外，教师还需要考虑学校的实际环境，如季节、地理位置、场地和设备条件等，这些都是进行教学的关键因素。

（2）在教授网球运动的过程中，教师需要从一个宏观的角度出发，确保所有学生的网球技能都得到提升，以满足网球教学标准的要求。

4. 巩固提高原则

在网球教学过程中，教师应该始终遵循巩固和提高的原则，帮助学生定期回顾和复习所掌握的知识和技巧，确保学生能够持续进步和成长。

在教授网球运动时，为了遵循巩固和提高的原则，我们需要注意以下几点：

（1）为了确保信息的有效和准确传达，网球教师需要采纳多种策略，确保学生所掌握的知识和技巧能够得到进一步的加强和提升。

（2）通过增加运动的密集度和重复动作的频率不断地强化训练，以稳固运动条件反射，从而提升学生的技术能力、身体素质及体育表现。

（3）网球教师需要为学生分配合适的课外或家庭网球作业，将课堂教学与课外活动紧密结合，以实现知识的巩固和技能的提升。

（4）教师需要持续地设定新的教学目标，以激发学生参与网球活动的热情和进取心。

5. 自觉性原则

在网球教学过程中，学生扮演着学习中心的角色，而教师在其中起到了关键性的作用，学生的主动参与和网球教学的成功有着紧密的关系。因此，在网球教学过程中，我们应该积极实施自觉性原则。

为了真正实施自觉性原则，我们需要考虑以下几点：

（1）作为网球教师，有责任引导学生，确保他们对网球运动的学习目标有一个准确的理解。

（2）教师需要鼓励学生投身网球运动学习过程，激发他们的积极性和主动性。

6. 系统性原则

系统性原则强调教学内容、方法和运动负荷的科学和合理安排应基于人的认知规律、运动技能的形成规律、人体生理机能活动能力的变化规律及技能形态的改善和增强规律等多个方面。在网球运动教学过程中，教学内容应当遵循从简单到复杂、从主要内容到次要内容的顺序，练习的强度应从小到大、从弱到强，这样可以使学生不断地进行练习、巩固和提升，最终培养出熟练的网球技能。

7. 从实际出发的原则

从实际出发的原则主要强调在网球教学活动中，网球教师需要基于实际情况，科学且合理地规划网球教学的目标、内容、标准、教学方法和运动负荷等方面的内容。客观的实际状况涵盖了学生的年龄、性别、身体成长水平、体育基础知识、心理承受能力、接受教育的能力，以及学校提供的场地、设备、器材和地区气候变化的特性等多个方面。

8. 合理安排运动负荷的原则

网球教学的核心目标是促使学生加强身体锻炼，提高他们的身体素质。这意味着学生需要在承受运动压力的同时，认真地学习和掌握网球的运动技巧，努力提高身体机能适应能力。因此，教师应该合理分配运动负荷，满足学生在网球技术和战术方面的客观需求，有效推动学生运动素质的全面提升。

（二）网球运动教学与训练的专项原则

网球作为一种隔网的对抗性运动，其运动技巧展示了开放性和隔网对抗性的特质。基于此，通过对网球运动的独特性和网球教学经验的深度探讨，我们可以归纳出以下几个网球运动教学中的核心教学原则：

1. 专门性知觉优先发展原则

在网球这项运动中，球拍被视为一种工具，它可以显示网球的方向和强度等信息。而运动训练和比赛所需的场地、器材则为网球运动创造了独特的环境。专门性知觉的发展过程实际是一种对环境和器械的感知过程。

在网球运动教学活动中，掌握球拍控制球的技巧显得尤为关键。因此，在进行多球训练的过程中，应优先培养学生的感知能力，以便其更有效地掌握技术动作。在网球教学中，专门性知觉优先发展这一独特的教学理念具有不可忽视的重要性。

2. 技术个性化与区别对待原则

网球教学的核心目标是帮助初学者通过学习和实践网球运动，形成与其能力相匹配的技术动作完成方法，而技术动作的标准化则是这一教学过程的核心目标。

鉴于不同的运动员在身体形态、行为模式、体质、智慧和网球经验等多个方面都有显著的差异，在技术动作的执行上也表现很大的不同，在进行网球运动教学时，我们应当在技术动作标准化的基础上，坚持个性化教学原则，对参与网球学习的学生给予差异化待遇。

3. 技术动作学习与实战对抗相结合原则

在网球运动教学过程中，实战中的对抗技巧占据了重要地位，这主要受到网球技术开放性和对抗性的影响。为了提高学生的对抗能力，教师需要安排大量的网球技术和实战训练；为了更有效地增强对抗技巧，技术动作的掌握被视为训练的基础，并且两者需要紧密结合。另外，将网球运动的技术动作学习与实际应用相融合的教学方式，与开放性运动技能的教学原则是一致的。因此，在网球运动教学过程中，教师应当坚持将技术动作的学习与实战中的对抗相结合的教学原则。

二、网球运动教学与训练方法

（一）直观法

1. 动作示范

在网球技术教学中，动作示范被认为是最常见的教学手段之一。教师根据给定的任务选择特定的动作进行示范，帮助学生更好地理解需要掌握的动作形象、构造、关键点和技巧。通过动作示范，学生不仅可以塑造动作的外在形态，还能激发他们的学习兴趣，特别是在展示动作协调、美观的情况下。因此，教育工作者应当持续进行研究和探索，以不断提升动作示范质量。在实际应用动作示范法的过程中，以下几个问题需要特别关注：

（1）突出教学重点和难点。学生掌握某一网球技术动作最主要的就是掌握该动作的重点和难点，这是技术动作的主要部分。因此，在示范教学过程中，教师要鲜明地展示各技术动作的重难点及关键，并且辅以简明扼要的讲解，使学生更清楚地掌握动作的要点和关键，其他问题也会迎刃而解，从而顺利地学会动作。

（2）讲究示范的位置。在网球教学中，常用的示范位置主要有3种：①队列中间示范。学生面对面站队，教师位于两队中间示范。进行发球示范时，教师可安排学生分两队站在球场两侧观看。②队列前示范。一般情况下，教师的示范位置应站在以横队为底边的等边三角形的顶点，使每一个学生都可以看清楚教师的动作。③错队斜位示范。学生人数较多，列队为排，则各排之间错开适当的距离，教师位于学生队形的左前方或右前方示范；示范时，可采取正面示范、侧面示范等形式，让学生从不同的角度掌握技术动作的要点。如果示范的位置选择不当，就会影响部分学生的观察和模仿，进而形成错误的动作概念，影响教学效果。因此，教师在教学过程中应根据学生的队形和方位示范动作的技术特点及安全要求，合理而准确地选择示范位置。

（3）掌握示范的时机。在网球教学中，教师可以根据教学对象和动作的难易决定何时进行示范。有的可以先示范，后讲解，再练习；有的可以先讲解，后示范，再练习；有的可以先练习，再示范、讲解；有的还可以边练习，边讲解、示范。在教授挑高球技术时，教师应先讲解挑高球是把落地球挑过对手的头顶使对手无法用高压球回击的击球技术。但是，这并不能使学生构建生动的动作表象，所以需要教师利用示范进行教学。挑高球的技术示范包括握拍法、准备姿势、后摆动作、击球动作、随挥跟进。教师示范完再安排学生根据动作要领进行练习。对于发球教学，教师一般应该先示范最简单、最常用的发球动作，再进行讲解和练习。因此，示范的时机应依据不同的教学内容来选择。

（4）正误对比示范。在学习新动作时，为了使学生更清楚地建立动作概念，预防错误动作的发生，或者在纠正学生的错误动作时，为了使学生明确自己的错误所在，教师在进行正确技术示范后可以形象地模拟一下常见的或典型的错误动作，使学生通过鲜明的对比对正确技术和错误动作都有更明确的认识。

（5）示范动作要准确、优美。优美的示范可对学生产生巨大的吸引力和诱导性，为学习创造良好的心理条件，加快运动条件反射的建立。这就要求示范动作应轻松、大方、协调、优美，使学生的直觉感官获得良性刺激和美感，从而使学生对网球产生浓厚的学习兴趣，并且有强烈参与的意识，从而为取得良好的效果奠定坚实的基础。示范动作必须层次清楚，基本动作、慢动作、分解动作环环相扣、循序渐进。教学示范时，教师还要保持稳定的情绪，能够清楚地意识到示范动作的情况，掌握示范动作的质量，控制示范动作的程序，使示范动作力争优美、准确，切忌利用示范机会自我表现。此外，教师还要善于控制学生的情绪，培养学生良好的心理素质，逐步提高学生的观察能力和分析能力。

2. 利用辅助装置

通过在球网上额外添加一根细绳，可以调整学生击球的轨迹，进而实现将球打得更深的目标；为了增强学生击球的精确度，在对手的球场上可以摆放几个圆锥形的球。

3. 直观教具

真实的演示经常是瞬间完成的，但直观的教学工具可以让人长时间欣赏，并且能根据实际情况强调某些细节。因此，我们应该充分使用图表、模型和图片等直观的教学工具进行教学。

4. 电化教育

我们应该最大限度地利用电影和录像的功能。观看一场实际的训练或比赛常常智能给人留下肤浅的印象；或者虽然关注了某一方面，却忽视了另一方面。电影和录像能有效地弥补这一不足。尤其是慢速电影，它展现了在教学应用中的独特魅力。

5. 录像反馈

录像反馈教学是一种利用现代视听教育技术媒介进行的教学活动，属于电子化教育的一部分。录像反馈教学是通过摄录系统将学生的技术动作进行录像，再对这些技术动作进行分析和评价，根据动作情况提出改进方案，让学生再次练习，然后录像记录训练的实况，再次分析和评价，如此重复进行教学的一种方法。在网球运动教学过程中，录像技术发挥了关键作用。

（1）对教学流程进行有力管理和控制。通过录像反馈教学方法，教师和学生都能及时获取关于他们已经完成的动作的相关信息。因此，这种教学方式不仅帮助教师更好地了解学生的学习状况，还能帮助学生更好地控制自己的学习进度。特别是在存在个体差异的情况下，录像反馈教学不仅有助于教师更有针对性地对待每一个学生，通过视频反馈及时修正和控制动作中出现的偏差，还可以帮助学生互相借鉴他人的动作，从而集中整个技术动作优势。

（2）提供的反馈既及时又准确。网球技术动作通常是在短时间内完成的，教师往往只能在学生完成动作后进行纠正。如果教师只记住学生的主要错误，一些细节就会被忽视，细节动作在技术形成过程中往往起着重要作用。录像反馈教学可以通过暂停、慢放或重放等技术，突出重点，剖析技术关键，使其真实可信且有针对性。教师可以针对一些细节对学生进行直接纠正。录像反馈教学还可以加强学生与教师之间的准确、及时的反馈，共同分析和讨论，多方位地重复刺激，从而使学生在学习的同时获得广泛的改进意见。

（3）激发学生学习的热情和兴趣。录像采用了最合适的刺激方式和强度来影响学生，不仅激发了学生的学习热情，还增强了他们的学习积极性，从而实现了理想的学习效果。

（4）激发学生内在的潜能。录像反馈教学方法在整个教学过程中起到了关键作用，得到了师生的共同参与。通过民主评议等手段，学生的网球技能得到了全方位提升。这种方法尊重学生在教学过程中的主体地位，并且着重挖掘他们的潜能。在此基础上，每个学生的能力都得到了进一步提升，不仅尊重了学生的个性，还激发了他们的学习兴趣，指导了他们的学习策略和思维方式。这种教学方式体现了面向所有学生、全面发展、民主合作与相互帮助、积极主动、生动有趣、和谐愉悦的特点，并且将传统的结论式教学转变为过程式教学。在当前阶段，录像反馈技术已经在教育实践和学生行为分析研究中得到了广泛应用，其时效性和准确性也得到了国内外众多学者的一致认可。它代表了一种属于现代教育领域的创新教育观念、课程内容、教学方法及组织模式。录像反馈教学方式不仅形式简洁，还拥有广阔的应用范围。

6. 助力与阻力

通过外部力量（如教师）的协助或对抗力的限制，学生可以通过肌肉的感知，直观地理解动作的核心和技巧，这通常是在他们刚开始学习或纠正错误动作或深入理解某个动作细节时使用的。

（二）语言法

1. 讲解法

讲解法是一种以语言为媒介的教学方法。具体到网球运动教学中，讲述法是指网球教师在明确了网球教学的各项任务、具体标准、课程内容、动作技巧和关键点之后，再将其以语言的方式传授给学生的一种方法。这一教学方法在网球课程中被广泛采用，无论是在理论、思想还是技术方面，它都发挥着重要的作用。

在实际网球教学过程中，教师通常使用恰当的语言激发学生主动思考，深化对教材内容的掌握，帮助他们更好地掌握技术和技能。教师的教学水平可以通过讲解的科学性和艺术性来衡量，这对教学成果产生了深远影响。在教学活动中，教师需要持续地积累经验，在语言表达方面追求卓越和完善。在采用讲解法时，以下几点需要特别留意：

（1）解说时应确保其内容系统、有逻辑。在网球教学过程中，教师讲授的内容必须展现科学、系统和逻辑的特点，确保教学内容全面、完整，并且强调新旧知识之间的紧密结合。在进行讲解的过程中，教师必须根据教学大纲的具体要求和教材的独特性，依据学生的认知发展规律，从基础到复杂、从浅显到深入地展开讲解。技术动作的讲解通常包含动作的形式、施力的顺序、动作的幅度、动作的连接方式及速度、动作的基本原理和动作的节奏等内容。例如，在网球比赛中，正拍抽球被认为是最普遍的基础击球技巧。讲解之前需要明确准备姿势，然后按照动作顺序进行讲解：从后摆引拍到挥拍击球，再到随挥跟进。此外，讲解的时候还需要使用专业术语描述动作过程、身体各个部分的位置、运动方式，以及身体与器械之间的关系等。

（2）解说应当具有启发性。网球教师在授课过程中要擅长采用启发性的措辞，激发学生运用他们的专业知识和实践经验分析和解决问题，主动地纠正技术失误，深化对技术动作的认识，并且激发学生主动学习的热情。当教师提出问题时，他们的语言应该深入且易于理解，这样可以帮助学生既了解技术要求的表面，还能明白其背后的原因，从而达到事半功倍的学习效果。在教授截击球动作的过程中，教师可以首先向学生提出这样一个问题："有哪些有效的方法可以纠正截击动作?"该问题旨在激发学生探究截击错误动作背后的成因，以及各种技术动作的关键点，通过激发学生的想象力寻找解决这一错误动作的有效方法，加深他们对截击球动作的全面理解。

（3）在适当的时机进行讲解。及时的讲解至关重要，只有把握最佳的讲解时机，教师才能尽可能地协助学生迅速并准确地掌握动作关键点。当学生刚开始学习网球动作的时候，他们对相关技术还不是很熟悉，所以教师应该对这些技术动作的关键点进行深入解析。当学生基本掌握了相关技术之后，教师应以深入讲解为核心，主要集中在错误动作的纠正上，为学生留出更多的时间进行自我练习和纠正。例如，学生在击球过程中可能会出现一种错误，即击球时肘部位于手腕的后方，而拍头则位于前方。在这种情况下，需要仔细分析这种错误动作产生的成因：在向后引拍的过程中，肘部摆动过于剧烈，并且肘关节并没有发生弯曲，而是伸直了挥臂。接下来，教师要将针对此类错误进行讲解：开始动作要缓慢，确保击球点落在身体侧面。为了正确击球，必须将拍头拖后，这样可以使手腕保持领先。注意小臂的角度时，将拍头翘起并向前伸展，这样在击球的过程中，拍头就会顺势向前上方挥击。在击打球的过程中，务必将手腕固定住，确保球拍不旋转和方向不发生改变。判断讲解的时机是否恰当，主要依赖于教师的仔细观察和精确分析，只有准确把握问题的核心，并且及时进行讲解，才能取得良好的教学效果。

（4）与示范相结合。在网球教学过程中，讲解与示范是相辅相成的。示范部分主要呈现动作的外在形象，解说部分则揭示了技术的深层次需求。教师通过正确的动作示范和生动形象的讲解，可以有效地引导学生将直观的感觉和理性的思维结合在一起，从而实现更好的教学效果。

（5）简洁明了且富有生动性。在网球教学过程中，对动作技巧的讲解不仅需要简明扼要、恰如其分，还需要熟练掌握语言表达的方法，能够运用恰当的比喻、专业术语和口诀详细阐述动作技术的结构和关键点。在教学过程中，教师可以将网球的发球动作比喻为“甩鞭子”，有助于学生形成基础的动作认知。例如，完整的网球正手击球步骤：首先做好引拍准备，接着进行挥拍击球，最后完成击球后的随拍动作。将这三个动作整合为一个简短的口诀：“一引二挥三随送。”这样不仅能让学生更愿意听、更便于记忆，同时还能显著提升教师的教学成效。

2. 口头评讲

口头评讲是一种教师在测验或考试中要求学生口头回答的方式。当学生回答问题时，如果教师感到疑惑或认为有进一步提问的必要，可以提出问题并请学生做进一步的回答。这种方法不仅有助于教师了解学生对知识的掌握程度，还能帮助学生有效地提升他们的口头表达能力。

口头评讲的应用非常普遍，它反映了教师对学生在知识、技术、思维等方面的反馈。在网球技术教学过程中，教师通常是通过口头方式向学生提供即时反馈。也就是说，在学生完成练习之后，教师会立即给予指导或提出新的要求。建议在动作完成后的25～30秒内进行口头评讲。大部分关于动作的记忆都是在大脑皮层中短暂保存的，当时间超过30秒时，记忆会减少25％～30％。

在对学生进行口头评价时，教师应当遵循实事求是的原则；但对那些比较敏感的学生，教师应该注意表达方式和技巧。

通过有力的语言反馈机制，教师能够让学生从外界获取关于自己动作是否正确的信息，进而有助于他们更好地掌握这些动作。正确地理解某一特定技能，有助于大脑更好地记忆和定型动作。因此，恰当且高效地应用语言可以有效提高学习效率。在运用口头评价的过程中，以下几点需要特别留意：

（1）针对那些可以调整的动作。反馈的目的是让学生专注于他们能够实施的动作进行调整。例如，在某些情况下，学生的击球动作是准确的，但速度不够快，所以教师应当针对学生全身肌肉力量不足的问题进行反馈。这个问题是可以通过专门的训练得到改善的。

（2）时效性强。学生在完成动作之后，教师应尽快提供有价值的反馈信息。在这个阶段，学生对刚刚完成的动作有比较明确的记忆和运动感知，所以这是一个从反馈中获取有用信息的绝佳机会。

（3）建设性的反馈意见。建设性的反馈不仅认可了学生行为的正面影响，还提出了一系列积极的改进建议。例如，在掌握发球技巧的过程中，教师可以给予一个具有建设性的反馈："你的发球能力非常强，已经对对手形成了潜在的威胁。同时，你需要加强对落球点的控制，确保发球的稳固性。"

（4）具有很强的针对性。目标明确的反馈应该涵盖学生应该如何行动以方便他们解决或修正问题的简明信息。这有助于学生理解一个错误动作背后的原因。例如，在进行正手击落地球的练习时，教师有针对性的反馈："你的击球位置应该是身体的右侧前方，这样可以更好地发力，因为太后可能会影响你的击球效果，所以需要提前挥拍。"泛泛之词的反馈（没啥效果）："你这次的正手击球表现并不出色，而且击球的时间过晚了。"

（5）每次仅对一个错误动作进行修正。学生在一次操作中仅能对单一的指令做出响应，教师在教学过程中应当牢记他所观察到的每一种情境，明确哪一种错误是最关键的。每一次的反馈都应专注于纠正一个主要的错误动作，并且优先处理那些最关键的错误动作。

（6）确切无误。确保学生对反馈的内容有清晰的认识是至关重要的。教师可以让学生阐述自己对教师所讲的内容有何看法，或者自己觉得教师希望他如何行动。如果学生已经对教师的反馈有了明确的认识，那么教师可以特别强调这些反馈："确实，这就是我想表达的。"如果学生有所误会，教师完全可以明确地表达自己的观点。

3. 阅读书面材料

在现代教育环境中，教师并不总是必须进行讲解，在许多情况下，学生可以通过阅读书面资料来学习。这样做有助于学生获取知识，提升他们的自主学习能力。除此之外，教师还会通过书面方式，如批改训练日记，对学生进行教育和指导。

（三）练习法

在网球教学过程中，我们可以区分徒手击球练习和实际打球训练。不参与打球的徒手练习涵盖技巧、步法及这两者的综合应用。打球训练可被细分为不参与比赛（如垫球、拍球、对墙击球等）和实际比赛两种。在比赛中进行的打球训练可被细分为单球训练和多球训练，或者单人击球训练和对打训练。

在实际的网球课教学和训练过程中，无论教师选择哪种练习方式，都需要考虑一系列基础要求，包括场地数量、学生总人数、可用球数、学生技能水平、练习目标、学生送球能力（无论是用手、球拍，还是对打）、挡网、后挡墙及其他可用设备等。以下是几种常见的网球训练方法：

1. 挡网练习法

挡网练习法是一种由教师指导学生在场地四周对挡网进行击球的方法。

2. 对打练习法

对打练习的目的是帮助学生在对打过程中提升他们的技巧和能力。对打练习具有强烈的刺激性和挑战性，有助于学生掌握控球技巧。在对打练习中，学生可以移动对打，教师可以与每位学生轮流对打。网球打击练习有以下几种方式：

（1）独立击打球。在球场上，学生和教师站在同一侧进行单独击球，学生围成一个半圆形，学生仅仅向目标发起进攻，这样教师可以观察到每一个学生的动作。

（2）面对有障碍的对手。在进行有障碍的对打时，可以在球场的纵向中部拉上一根绳子，这样可以构建 6 个小型球场，允许 12 个学生同时练习。

（3）进行无障碍对攻。无障碍对打指的是学生面对面地向对方发起进攻或设置预设的障碍。

（4）上网对打。这种从半场到全场的对打练习通常在一个球场上进行，最多可以有 6 个学生进行对打。在每一轮对打结束后，更换人员，这样就有 12 个学生能够参与对打练习。

3. 教师送球、学生排队轮流击球练习法

教师把学生分为两组，然后与其他辅助教学者分别给每组送球。

4. 击球、抛球、捡球练习法

在教师或辅助教育者数量不足的情况下，学生可以互相传递球。送球的人可以被视为教师，其余的学生负责捡球。学生需要在短短几分钟之内完成轮替。这一训练方式允许教师在课堂上进行实时巡查，有助于解决个别问题。

5. 多球练习法

采用多球练习时，教师应考虑以下问题：

（1）球筐被放置在教师不使用球拍的一侧，不仅便于队员将球放入筐内，还能让教师更方便地持球，从而提升送球效率。

（2）送球的速度和难度要根据每位学生的技能水平进行调整。

（3）在递送球的过程中，教师应专注于观察学生的行为，而非仅仅关注球的飞行轨迹。

（4）学生数量越多，他们重复打多球的频率就越低。

（5）那些在队伍中等待打球的学生需要保持一定的体育活动，如挥拍和慢跳等。

（6）当人数众多时，迅速送球是一个好选择，如同时为两组球员送球。

6. 多种形式练习法

在一个班级里，让水平一致的学生组成一个小组，并且采用多样化的练习策略。不同的练习方法（通常在一个球场上）会组合成不同的活动或练习（如在一个场地练习发球，在另一个场地练习拦击，在另一个场地练习底线击球）。经过一段时间后，各个小组开始轮替。当训练即将结束时，保证每位学生都参与了各式各样的练习活动。

有的练习往往没有明确的目标，仅仅是为了维持学生的注意力。这类练习有助于解决在技术训练过程中跑动不足的问题。在制订训练计划时，教师应确保 10～20 分钟的此类练习时间，并且应将这些练习内容整合到课程中定期进行。

7. 比赛式对打练习法

教师送球给学生，并且结合比赛中的情形进行练习。例如，教师送一个正手球和一个反手球、一个中场随击球、一个拦击球和一个高压球等。

（四）预防与纠错法

在教授新的网球技巧之前，网球教师需要对可能出现的失误进行深入思考，并且实施相应的预防措施。然而，出于多种因素，学生在学习过程中可能会犯下各种各样的错误，所以网球教师有责任及时予以纠正，防止错误动作固化。

1. 预防法

预防法指的是在网球教学活动中，网球教师实施的所有能够有效预防错误动作发生的策略和方法。在网球教学过程中，考虑到网球教材的独特性和所涵盖的内容，网球教师需要提前提醒学生可能犯下的错误，或者使用适当的教学方法进行预防。对于已经出现或偶尔出现的错误动作，教师应给予及时纠正，确保学生不会再次做出错误动作，减少错误动作发生频率。

2. 纠正错误法

纠正错误法是一种专门针对学生个体的错误动作予以纠正的方法。网球教师需要运用相应的策略和工具进行目标明确的错误纠正。在实际教学活动中，经常使用的纠正错误动作策略包括正误比较、纠正过度、简化难度、加入额外条件及限制性教学等。

为了预防和纠正错误动作，教师首先需要识别错误动作产生的原因，再根据这些具体原因进行有针对性的纠错。例如，部分学生在学习目标上存在模糊性，对所学动作的技术定义不够明确，这很可能是由于教师和学生双方的因素导致的。如果教师的解释不明确或使用的教学方法不恰当，或者学生不愿意认真听讲，认为自己理解了错误，都可能导致错误的观念和不正确的动作。因此，教师应该邀请学生解释并展示动作关键点，一旦发现错误，立即进行纠正。部分学生担心动作过大，可能导致腰部和腿部无法正常移动。面对这种状况，教师需要从理论上解释并通过实际例子加以说明。某些学生的身体状况不理想，如他们的协调性较差，打球时的动作也显得僵硬。教师需要为他们提供有针对性的身体锻炼。总的来说，教师需要根据实际状况进行深入分析，采取针对性强的策略预防和纠正错误动作。

（五）完整法与分解法

在具体实施教学时，一般有完整教学和分解教学两种方法。

1. 完整教学与分解教学

（1）全面的教学过程。一个完整的教学过程涉及动作的各个部分和段落，从动作的起始到结束，教师都要进行全面的指导。这一教学方法能够确保动作的连贯性，既不会损害动作的整体结构，也不会破坏动作各组成部分之间的相互联系，从而方便学生全面掌握正确的技巧。完整的教学方法经常被应用于相对简单的动作教学中。

（2）将教学内容进行拆分。分解教学是将一个完整的技术动作分解为多个部分，然后根据每个部分进行逐步教学，以实现对动作技术的全面掌握。采用分解教学方法，教师可以将复杂的任务简化为简单的形式，将复杂的挑战简化为简单的任务，这样可以使复杂的动作变得更直观和简单，从而简化整个教学流程，增强学生的学习自信，并且帮助他们更有效、更迅速地掌握复杂的技术动作。然而，如果分解教学方法应用不恰当，就可能导致动作的断裂，损害动作结构的完整性，进而妨碍正确技术动作的施展。因此，在实施分解教学的过程中，教师需要让学生清晰地认识所划分的部分在整体技术动作中的具体位置和功能，还需确保各个动作之间的紧密联系，防止改变动作结构。在进行细致的分解教学和学生初步掌握技术动作后，教师应适时地让学生转向完整动作的练习，这样可以让学生更深入地理解和掌握完整的技术动作。此外，分解教学仅是一种策略，真正的目标是实现教学的完整性。

（3）多种方法综合应用。分解教学和完整教学是相对的概念，从整体角度看是分解的，从局部角度看则是完整的。在选择教学方法时，教师应综合考虑动作的复杂性及学习者的接受能力。一般而言，在学习基础技术动作的过程中，完整法比分解法更具优势；在学习复杂技术动作的过程中，分解法明显优于完整法。对特定的学生而言，动作的复杂性也是有其相对性的。对那些基础扎实、学习能力强的学生来，建议使用完整教学方法；对那些基础薄弱、学习能力不强的学生，更适合使用分解教学方法。

在网球教学过程中，教师需要巧妙地融合完整教学方法和分解教学方法。在实施分解教学的过程中，教师应以全面掌握技术为目标，通过细致的分解练习，让学生深入理解动作的核心要点，并且努力创造有利条件，助力学生顺利过渡到完整练习阶段。在全面的教学过程中，教师也可以采用分解法加强学生对局部动作的练习。

在网球教学过程中，“完整、分解、再完整”的练习方法被认为是最常用的教学策略之一。它主张以完整教学方法为核心，将完整法与分解法有机地融合在一起。在网球教学的具体实施阶段，首先需要教师示范和讲解相关技术，然后让学生进行全面的练习，帮助他们初步建立完整的动作概念。其次，教师应让学生进行详细的分解练习，确保学生初步掌握分解动作的核心要点。最后，教师要让学生进行完整动作的练习。“分解、完整、再分解、再完整”的练习方法也是一种经常被采用的教学策略。首先，分解练习，让学生对分解动作的核心概念有一个初步理解。其次，进入完整练习阶段。然后，分解练习，对某些局部技巧进行优化。最后，全面练习。经过几轮的循环，学生就可以完全掌握动作技巧。

2. 方法选择的依据

教师在选择分解和完整教学法时，一般应考虑以下几个因素：

（1）学生的能力水平。通常情况下，对于初学者的训练，更倾向于采用分解教学方法；对于高水平的学生，更倾向于使用全面教学策略。

（2）技能具有高度的复杂性。通常情况下，当教授难度较高的技术动作（如发球）时，更倾向于采用分解教学方法；在教授容易掌握的技术动作（如正手击球）时，则更倾向于采用全面教学策略。

（3）技能的组合难度。从原则上讲，当涉及训练技巧时，更倾向于采用分解或混合的教学方法；在训练策略上，则更倾向于使用全面教学方法。

综合考虑，当学生的能力较弱且训练目标具有挑战性（如使用超身球策略）时，混合教学方法是最佳选择；当面对技能较高的学生时，如果训练目标容易实现（如侧身正手击球），那么最好使用完整教学方法；当面对水平相对较高的学生且训练目标具有很高的难度（如两分之间的行为反应）时，采用分解教学法是最佳选择。

（六）比赛法

比赛法既是教学方法，又是检验教学效果的手段，在调动学生的积极性方面具有特殊作用。

1. 比赛法分类

网球比赛内容分两大类：专门性的技战术比赛（如正手底线对攻比赛、发球上网比赛等）和实战性比赛。比赛的规模和氛围可以是内部的或公开的。比赛的得分基于规则规定的比赛和特定的比分，如抢四局（7 局 4 胜制）、AD（接球占先）后、Deuce（平分）后或抢七局等。

2. 比赛方法选择的依据

在采用比赛法的教学过程中，教师可以根据不同的目标选择适当的比赛策略，还需要特别关注网球教学计划中比赛所占的比重。

（七）游戏法

游戏法是一种通过游戏的方式在特定规则的约束下激发学生的创造力和主观能动性，以实现网球教学材料所设定的预定目标，并且据此组织学生进行学习活动的教学方法。

三、网球运动教学的功能

在网球教学中，我们应高度尊重文明有礼的文化礼仪。在参与网球比赛活动时，教师要让学生主动遵守和维护观赛规范和行为标准，从而培养良好的个人修养和行为习惯。

（一）育人功能

现代学校的网球运动教学更多地关注增强学生的身体素质和培养学生的参与精神。事实上，拥有竞技意识是十分重要的。缺乏竞争，网球运动将失去活力。竞技是智能、体能、技能和心理等多方面综合素质的一场较量，而优胜劣汰是常态。体育活动与人类所处的社会环境有许多相似之处，社会的运作也充满了激烈的竞争，其中一些人取得了成功，另一些人则遭遇了失败。教师有责任在教学过程中对学生进行生存和竞争意识的培养。除了教授基础的运动技术和提升学生的运动技能，教师还应在教学活动中充分利用各种可见和潜在的教育机会，以潜移默化的方式培养学生的竞争意识。更为关键的是，教师需要教导学生成为一个有品质的人，激发他们竞争的勇气和能力，使他们成为生活中的强者。

除了技术分析、示范和提出技术关键点，教师更关键的任务是调整学生的心理状态，激发他们保持一种积极进取和努力奋斗的精神面貌，以充分发挥每个学生的潜能。学生不仅需要身体素质和体力的竞技，还需要参与智慧和意志力的比拼。教师需要对学生的成绩给予肯定并指明不足之处，鼓励那些未能取得成功的学生努力争取更好的表现。学生在潜意识里总想全力以赴地发挥自己的体能，不断地提升自己的技术水平，积极进取，以免过早地被淘汰出局。因此，学生会积极地思考，竭尽全力地寻找在竞技中获胜的方法。在网球这一运动中，由于学生的生理和心理特点，他们常常展现不顾一切、追求胜利但害怕失败的情感。因此，教师要善于抓住这一关键的教育机会，利用积极的情绪引导学生的学习行为，从而实现教学效果的提升。教师有责任教导学生，让他们明白人生的旅程就像一辆前进的列车，需要勇敢地面对各种困难，理解社会生活中的种种挑战，只要他们持续努力，就能成为生活中的强者。教师需要在日常的网球教学中融入生存教育，通过生动的教学案例提升学生的竞争和胜利意识。

1. 培养团队协作精神

在集体项目中，学生的团队合作精神被视为关键的精神支撑。在网球比赛中，不仅需要个人的积极进取和坚韧不拔的勇气，更重要的是团队合作和相互支持。一个缺少团队合作和协同作战能力的队伍要想击败竞争对手是不可能的。在网球运动教学过程中，大量的练习主要是以团队活动为核心的。因此，教师需要抓住机会，教导学生明确自己在团队中的角色和应该做出的贡献，努力完成自己的职责，与团队成员紧密合作，充分发挥每个人的潜力和智慧，团结大家的意志，这样才能取得成功。

教师不仅需要提升学生的基本技能，使他们具备良好的体能，还需要强调集体合作精神，重视培养学生的协作意识，让学生认识到个人技术是组成全队战术的基础，而战术的核心是相互配合和协作。教育的目的之一是启发和提升学生的思维能力。目前，各个学校正在构建一种能让学生终身受益的运动教育模式，旨在培养学生的团结协作精神。在体育群体项目教学与训练氛围中，学生将逐渐受到集体意识的影响，更加深刻地理解集体与个体之间的相互关系，认识到团队协作的重要性，从而在社会生活中培养积极与他人合作的品质。

2. 培养社会意识

网球运动有严格的比赛规则，其运动与约束机制在实践中得到不断完善和充实。规则面前，人人平等，网球教学也不例外。教师应以比赛规则为准绳，加强学生的理论知识教育。学生的学习锻炼活动要受网球规则的制约，并不是随心所欲的无序活动。尽管学生参加网球教学活动的根本目的是锻炼身体、增强体质，但同时必须规范自己的行为，使其在网球规则允许的范围内进行。在网球运动教学中，学生受到的不仅仅是知识教育，还在意识深层兼容着规范行为的启迪。网球运动规则与社会法律对参与者具有类似的制约机制，网球运动教学独特的育人内容与形态极其巧合地提供了对学生加强法制教育的契机。学生在网球活动中耳濡目染、亲身体验着规则制约下的运动竞争，在意识中逐渐确立的不仅仅是规则现象，还有对社会法则的认同感，是对自己的社会行为负责的遵法意识。因此，在网球运动教学中，教师要通过讲授竞赛规则，让学生接受遵纪守法的教育。

3. 提高意志品质

网球教学的独特之处在于学生身体的直接参与。在学习过程中，学生不仅投入了思考和判断的智慧，还依赖于体能进行了体力锻炼。网球教学的核心目标是通过学生的实际运动练习提升他们的整体身体状况，使他们能够掌握相关的知识、技巧和方法，并且加强他们的身体素质。因为参与网球活动的学生体质各异，同一个学生在不同的季节里的情感状态会有所不同，从而使平衡和掌握变得相当困难。此外，在网球教学过程中，学生需要在特定的时间和空间范围内完成单一的动作或组合技巧，不仅会消耗过多的体力，还需要他们展现坚韧不拔的斗志，以克服肌肉和神经的痛苦和疲惫。教师在培养学生出色的精神品质方面不是一蹴而就的，而是需要通过长时间的教育实践，在教学过程中不断地积累、加强和锻炼。

教师应该紧紧抓住教育机遇，结合学生的实际思维，强调坚韧不拔是取得优异成绩的核心。教师应该鼓励学生努力前进、追求成功，让他们认识到身体和精神的耐力在人生中的关键作用。在学业和职业生涯中，只有持续努力和坚定决心，他们才能取得真正的成功。

（二）社会功能

在网球运动教学活动中，学生的兴趣在其认知和技能的发展过程中扮演着至关重要的角色。从行为科学的视角出发，兴趣可以被定义为人们对某一事物或活动的积极探索的态度。只要一个人对某个活动产生了浓厚的兴趣，形成了一种相对稳定的心理态度，他就能充分激发自己的主观能动性，以创造性和执着的态度去追求它。另外，在网球运动教学活动中，学生对富有趣味和游戏化的教学方式非常感兴趣，特别是在掌握新技术和充分展示自己个性方面，这为提高学生的创新能力创造了有利条件。

1. 网球运动有利于提高人体适应自然环境的能力

网球这项运动有助于增强人们对自然的适应和创造能力。网球运动在增进身体健康、延长寿命、娱乐身心和锻炼意志等多个方面的作用，与可持续发展和满足人们的基本需求、提升人们的生活品质，以及实现人与自然和社会之间和谐发展的目标是一致的。在气候变迁的背景下，如严寒、高温、强风、暴雨等，自然界中的动植物都必须调整自己以适应这些气候变化，这样才能确保其生存和发展；如果无法适应和改变恶劣的自然环境，只能走向彻底的灭绝。然而，人类是富有创造性的，能够竭尽全力去适应和改善自然环境：首先是改善自然环境条件，如改变居住环境、改善生态环境、提升水和空气质量；其次是提高人类的自我适应能力。

网球运动被认为是增强人体对自然环境适应性的有效手段之一。长时间参与网球活动可以促进人体健康，身体的各种组织在中枢神经系统的指导下，能够更好地应对外部的刺激，提高组织协调能力。在广阔的自然环境中进行网球锻炼，可以更好地锻炼身体，从而不断增强其适应能力。

2. 网球运动有利于促进人际关系的发展

人际交往描述的是在社交活动中，人们之间如何进行信息和情感的交流，反映了一个人或团体在心理层面上如何满足其社会需求。人际交往的进展和变化则决定了双方在满足社会需求方面的程度。参与网球活动可以增加人们之间的互动和交流机会，拉近彼此之间的距离，促进有效沟通。体育活动一直被视为人与人之间友情的传递者。例如，原本互不相识的人，通过参与一场球赛或一次活动就能初步了解彼此，并且建立有效的沟通桥梁。这为性格外向的人提供了更多的社交机会，以满足他们的社交需求；性格内向的人则可以通过多次积极参与各种活动逐渐忘记内心的困扰和痛苦，消除孤独感，并且逐渐培养与人交往的意识和习惯，从而逐步改变自己的个性。

网球有助于增强人们在社会中的适应能力。社会是一个由政治、经济和文化等多个要素组成的互动环境，每个人在其中都扮演着不同的角色，有时甚至是多种社会角色。在各种不同的社会环境中，人们以各种身份与他人互动，能够根据所处的社会背景做出适当的调整，并且做出与角色相匹配的反应。这体现了人类社会适应性的显著特点。网球作为一种体育活动，为人们提供了一个极佳的环境和适宜的条件，使他们能够更好地扮演自己的社会角色。经验表明，在球场环境中，人们能够轻易地拉近彼此之间的关系，赢得彼此的信任。在体育活动中，人们可以自由地展示自己的个性和特长，特别是在网球这一可以让人自由奔跑的运动环境中。通过参与这样的活动，人们不仅可以交流球技，迅速建立友谊，还可以在其他方面互相学习、取长补短，从而提高自己的综合素质。因此，我们需要加强宣传活动，确立一个以满足人们基础生活需求为核心目标的体育观念，持续提升我们的认识水平，将网球运动的发展方向定位为促进人的全面发展。

（三）显性功能

教育的明确功能是指根据教育目标，教育活动在实际操作中产生的与之一致的效果。例如，促进个体的全方位和谐成长和推动社会向前发展，都是显性教育作用的具体体现。计划性是显性功能的显著特征。网球运动教学的明显作用是指教育者有策略、积极且直接地对学生进行教导，促进学生运动技能的提升。

1. 网球运动教学显性功能的属性

显性功能是指在教学过程中产生的、已经被教学参与者在理论上确认并在实践中掌握的功能，具有明确的预期、直接的方式、效果和实际意义。为了提升学生的身体素质和健康状况，教师教授他们网球的各种技巧、方法及健康保健知识，同时进行思想道德教育和意志品质培养，这些都可被纳入网球教学的显性功能中。

2. 网球运动教学显性功能的具体表现

（1）为了提升身体素质，网球这项运动需要大量的体力消耗。因此，学生必须拥有出色的身体素质，这样才能最大限度地发挥他们在技术和战术方面的专长，同时也能有效地避免运动伤害。此外，网球比赛通常是由多个短暂的剧烈运动和间歇的休息时间组成的，一场网球比赛通常需要1～4个小时，要求学生不仅要有较强的速度和力量，还要有坚定的毅力和耐力，这样才能打出高质量的球。

学生拥有良好的身体素质不仅是学习和掌握网球比赛战术的关键，还是赢得比赛的基石，所以强化身体素质显得尤为关键。良好的身体素质不仅可以显著降低学生在训练或比赛中的受伤风险，还有助于塑造学生健壮的身体。

身体素质是一个人身体形态和功能的综合体现。身体素质通常被细分为力量、速度、灵敏、耐力、柔韧性等多个方面。在网球教学过程中加入运动训练，旨在改善学生的身体状况，提升各个器官和系统的功能，全方位地培养他们的运动能力。

其一，提升力量品质。知名网球选手大威廉姆斯的发球速度高达每小时206千米，这也是女子网球赛事中的发球速度最快纪录。当我们回顾国际主要比赛时，运动员击球时展现的巨大力量是赢得比赛的关键因素。击球时，力量的主要来源是运动员的身体动作，从腿部和腰部逐渐转移到肩部，最终传到手部进行挥拍和发球。不管是发球还是截击，都需要依赖全身的力量，任何一个局部力量都会对球的力量产生影响。在网球运动教学中，学生的力量素质被认为是关键的身体素质之一。如果没有足够的力量，想要提升运动技巧就可能会面临许多挑战。力量对速度、灵敏性和耐力等多方面的素质都会产生影响，增强力量不仅有助于提高爆发力，还会影响肌肉耐力，适当的力量训练不仅有助于提高灵敏度，还能让学生更有效地掌控和管理自己的身体。因此，教育工作者需要高度重视提升学生的力量素质。

其二，在所有球类运动中，锻炼速度、提高灵敏度和运用速度技巧都是不可或缺的，特别是在网球比赛中，速度的作用尤为突出。在网球比赛中，运动员需要持续不断地快速移动和击打，所以必须具备快速的反应、快速的启动和快速的移动能力，这些都是取得优异成绩的关键。考虑到网球运动的独特性，教师需要提高学生对复杂信号的反应速度。对于学习网球的学生来说，敏捷性是绝对必要的。技术水平的高低往往受到灵敏素质的直接影响。一个人的灵敏素质综合体现了其力量、反应速度、爆发力及协调性等多方面的素质。在一次网球赛事中，由于脚步不够精准导致的错误往往占据整场比赛失误的70%，所以对速度和敏捷性的综合训练显得尤为关键。在网球运动中，运动员通常选择向前、向后和向侧3种不同的移动路径，其中的侧跑位被认为是最关键的一种。因此，在训练学生的速度和敏捷性时，教师应重视多个方向的移动训练。在网球比赛中，学生通常需要进行长时间且连续的快速移动。如果他们反应速度快，身体也能迅速地跟随移动，那么他们赢得比赛的概率会大大增加。如果他们在敏捷性上表现不佳，在技术和战术上的优越就将无法得到充分体现。特别是在面对对方的发球截击时，通常需要在较短的时间内评估对方的球速、旋转速度和力量等关键因素，然后迅速进行截击，这样才能成功得分。因此，在网球运动教学过程中，速度和敏捷性被视为身体素质训练的核心组成部分。

其三，致力于培养耐力品质。一场网球赛事的时间相对较长，所以运动员需要具备出色的耐力，确保其技术和战术能够正常施展。在需要高度技巧性和精确性的网球赛事中，运动员的疲劳会直接妨碍动作的准确执行，从而增加出错的可能性。在神经和肌肉感到疲惫的情况下，运动员对于对方球的评估、响应及动作的迅速性、整体的协调性和敏捷性都会相应减弱。网球是一个连续不断的运动，缺乏持续的耐力会导致无法完成整场比赛。特别是在比赛过程中，如果运动员耐力不足，他们击球的速度和力量就会受到限制，无法迅速反应和快速移动，这对比赛的胜负起着决定性作用。因此，在网球运动教学过程中，教师应当高度重视培养学生的耐力。

其四，提高柔韧性。在网球这项运动中，柔韧性的缺乏会导致运动员的动作显得僵硬和不协调，甚至难以完成一些难度较高的技术动作，而良好的柔韧性可以减少运动过程中的损伤。为了增强柔韧性，主要的训练方法是拉伸肌肉、肌腱、韧带及皮肤。因此，在网球运动教学过程中，教师通过对学生柔韧性素质的系统训练，既可以提升学生身体的整体柔韧性，还可以增强其关节和肌肉韧带的伸展能力。

此外，教师还需要最大限度地发挥学生各种素质的相互推动作用。在网球运动教学过程中，当教师对学生进行身体锻炼时，应最大限度地利用各种素质之间的相互促进关系，以避免它们之间的相互限制。例如，在选择长距离跑步以培养耐力素质的过程中，如果学生的练习次数过于密集，并且在跑步后忽视了快速跑步的练习，就可能导致他们的动作速度和动力稳定性下降，从而影响他们的速度和爆发力。例如，虽然力量训练可以有效地提高速度，但要真正提高成绩，必须根据特定肌肉的特点培养力量。如果仅仅依赖高强度的力量训练，就可能导致肌肉的弹性和放松能力下降，从而对速度的进一步发展产生负面影响。因此，在网球运动教学过程中，教师在训练学生的时候应当重视避免各种素质之间的相互限制，更多地挖掘它们之间的相互促进关系。

（2）目前，许多学者持有这样的观点：随着运动技能的持续进步，运动员的生理潜能已经接近极限。因此，仅仅通过增加运动强度和延长训练时间提升他们的心理素质几乎是不可能的，而人的最大潜能仍然是他们的心理承受能力。体育经验告诉我们，很多杰出的网球选手在关键的比赛时刻获胜，很大程度上是因为他们的心理优越性，而许多选手在比赛中表现不佳则是由于过度的精神压力导致的。在网球运动教学过程中，教师对学生进行心理素质的培训意味着有目标、有意识地影响学生的心理状态，应采用适当的方法和手段帮助学生形成健康的心理状态和个性特点。心理素质训练旨在培养和加强学生在高强度训练和竞赛中所需的心理特质和独特的心理属性，从而使学生能够有效地管理和调整自己的心理状况，更好地满足训练和比赛的要求，以取得优异的表现。

其一，对于接受网球运动训练的学生来说，准确和清晰的视知觉训练是十分重要的。由于网球的体积小、移动迅速且多变，所以需要学生具备出色的视觉感知能力。在比赛过程中，对手的击球动作、击球时的角度和方向、球在空间中的运动特性、对方的动作等，只有在视知觉准确识别的基础上，才能完成有效的应答行动。在日常教学过程中，教师需要有意识地、目标明确地运用各种高效的策略和工具对学生的视知觉进行系统训练，这有助于更迅速地提高他们的视知觉能力。例如，可以使用各种手势信号让学生随意做动作；可以在场地中设置“打准练习目标”标志，将准备好的几个球放置在场内的不同位置，让学生从背向球转到面对球，并且迅速说出球的数量；等等。这些建议和策略都可以显著提高学生的视知觉能力。

其二，集中注意力和注意力分配训练。注意是指人们的心理活动对特定对象的集中和指向。在网球教学和训练过程中，学生的注意力需要高度集中，因为网球是一项技能要求极高的运动，技术要求既复杂又精细，稍有分心就可能对训练的质量产生不良影响。在比赛过程中，运动员需要保持高度的注意力和方向稳定性，这样才能有效地消除周围的负面刺激和干扰，保持一种情绪稳定状态，从而在任何情况下都能做出准确的判断和及时的决策。注意力分配是指在相同的时间内，将注意力集中在两个或更多的目标或活动上。注意力的分配是注意力高度集中的结果，只有当注意力高度集中时，才能实现合理分配。在比赛过程中，运动员将面临大量的、无规律的复杂刺激，要求他们具备良好的注意力分配能力。在进行网球训练时，教师可以指导学生迅速地将他们的注意力聚焦在比赛上，特别是关注球的位置、比赛场地和得分，同时还要注意观察和分析球的情况；此外，还可以在各种不同的干扰环境中进行练习，这些环境因素包括气候、观众和周围其他环境，还涵盖内部因素，如身体疲惫感、情绪波动等。如果学生在打球时犯了错误，教师应该指导他们迅速摆脱由于失分引发的负面情绪，吸取教训以赢得比赛。

其三，关于判断力和反应力的训练。反应能力的训练意味着运动员在充分运用自己的技能之前会根据比赛场上的实际状况选择合适的技术和战略。在网球这项运动中，运动员的大脑通常会感知的场上信息包括对方的站位、移动方向、使用的技术动作，以及球的路径、落点、速度和旋转方向等。运动员会根据前述情境做出反应，包括选择合适的技术动作和确定击球的准确位置等。因此，在网球运动教学过程中，教师应持续强调学生需要密切关注对方击球的实际动作，并且学习和掌握击球过程中的某一特定规律。

其四，意志力锻炼。意志力是一种心理活动，它允许个体有意识地设定目标，并且根据这些目标调整自己的行为模式，以克服各种可能出现的困难，最终实现预定目标。一个人的意志力与克服各种困难密切相关。根据网球运动的特性，教师需要培养学生的主要意志品质，包括自觉性、主动性、自制力和自信心。

自觉性意味着一个人在其行为中持有清晰的目标，并且深刻理解其行为对社会带来的影响。自觉性激励人们更加主动和积极地面对挑战，从而更快地达成目标。在进行网球运动训练时，学生需要在运动过程中主动并持续地遵循训练方案。例如，在没有固定模式的训练中，如何主动地集中和分配注意力，如何增强判断能力，如何满足技术质量标准要求，如何恰当地应用策略，以及如何塑造出色的比赛状态等，这些都需要网球运动员具备高度的自我意识。

主动性实际是自觉性的明确体现，如要求学生带着疑问去练习，并且与教师一同讨论技术和战术方面的问题。在竞赛过程中，教师需要鼓励学生积极应用各种技术和战术，并且根据比赛现场的实际情况适时地调整技术和战术策略。

自制力主要描述的是学生在训练和比赛过程中，如何抵抗来自内心和外部的各种负面刺激和干扰，确保训练效果和比赛中的技术战术能够正常执行的自我管理能力。当学生面临困境时，教师应当指导他们以正确的态度对待这些困难，并且提前制定完成复杂练习的策略。在竞赛过程中，学生需要逐渐培养稳定的心态，不受场内或场外各种干扰的影响。

自信意味着学生深信只要付出努力，就一定能够达成预定的目标。为了培养学生的自信心，学生和教师都需要付出努力。教师需要密切关注训练的难易程度和技术水平提升的幅度对学生产生的影响，通过有效的激励手段增强学生的自信心。此外，教师还应该深入研究各种类型的比赛，确保学生在不同的水平和状态下都能参与各种比赛，从而进一步增强自信心。

（四）隐性功能

现代教育理念强调，教育的目标不仅是教授学生高级、精确和尖端的科学知识，以及培养他们的思维能力，更重要的是要引导学生走向“人性化”，也就是教导他们成为真正的“人”。在现代城市化和知识化的背景下，这成了一个至关重要的议题。在学校教学过程中，教育者必须坚持全面发展的理念，为学生提供全面的素质教育，确保他们在德、智、体、美、劳各方面都能得到均衡发展。因此，为了更深入地掌握教学任务，我们需要使教学目标变得更加多元化。尽管前辈们已经明确并掌握了网球教学的“显性功能”，但我们仍需深入探讨网球教学的“隐性功能”，从而更全面地理解网球教学功能，为网球教学实践提供更科学和有效的指导。

1. 网球运动教学隐性功能的概念与属性

在网球运动教学过程中，所谓的隐性功能是指学生在学校环境中（涵盖物质、社会和文化体系）所获得的非预期或非计划性的网球运动知识、价值观、规范和态度，包括学生通过教育环境（包括物质、文化和社会关系结构）有意或无意地获得的非公开性的网球运动教育经验（包括学术性和非学术性的），以及学生在网球运动课程内外无意识的非特定心理反应产生的教育影响因素。很明显，教学的隐性功能并不是在教学过程中看不见或听不见的功能，它仅仅是与显性功能有所区别，“隐性”和“显性”并不是完全对立的，它们是相对的。在特定的时间和环境中，网球教学的隐性功能有可能从其表面的隐蔽特性转变为更明显的显性功能。

与显性功能相比，网球运动教学的隐性功能具有如下独特属性：

（1）非计划性。在网球运动教学中，显性功能指的是教师在功能开始对学生产生影响之前，已经对功能的数量和质量有了深入了解，这些功能的目标、方法和结果都是按照预先设定的教学计划在教师的思维中构建的，并且在整个实施过程中进行了细致的调整和检查，展现了明确的计划性。相对于显性功能，教师在隐性功能产生之前，往往对其数量和质量缺乏深入的了解，所以无论是对功能目标、方式还是对最终效果，都没有进行明确的设计。这导致功能的作用过程实际是一个触发过程，呈现一种非预期性。

（2）内隐性。网球运动教学的显性功能和效果是直接和明显的，通常是通过教学、动作示范、身体练习、教具演示等明确的方式作用于学生，促使学生的身心发生变化，获得在自身和他人观察范围内的显性效果，如掌握动作技术等。隐性功能具有其独特性，作用方式是隐蔽的和间接的。这种功能通常是通过教学中的互动、模仿、感染、认同和角色扮演等隐秘手段间接地影响学生，从而让学生体验自己和他人都未能察觉或检测到的潜在效果。这种功能的作用方式和效果都是隐性的。

（3）深远性。由于网球运动教学中显性功能的直接作用方式导致了功能在时间和空间上都存在一定的局限性，使功能作用通常表现为间断性、可变性和浅显性。由于网球教学的隐性功能独特的作用方式，在实际应用中展现持久和连续的效果，这种效果既稳定又深入，具有不易察觉的影响力。

（4）两极性。网球教学中的显性功能是根据教学目标进行规划和执行的，通常会带来积极的效果，对学生产生正面的影响。当然，这不排除产生不良反应的风险。网球教学的隐性功能是一种不受计划和调控影响的自然而隐秘的功能，既有可能产生与教学目标相一致、有助于学生身心全面发展的积极效果，也有可能产生与教学目标不符、妨碍学生身心成长的负面影响。从正面和负面两个角度来看，正负效果都强调了理解和掌握网球运动教学中潜在功能的重要性。

2. 网球运动教学隐性功能的具体表现

（1）个体社会化功能。在学生逐渐社会化的过程中，学校教育，特别是网球运动教育，发挥了非常重要的作用。这种作用不仅是由教学的明显功能引起的，同时还体现了教学过程中的一种潜在影响。①揭示了潜在的社会互动内容。社会文化的价值观和行为规范是社会化过程中的核心要素，包括明确的生活目标和社会规范，掌握社会生活的基础技能，以及学习如何在社会中扮演角色。网球这项运动不仅有助于培养学生的竞争精神，同时还能加强他们的团队合作精神，并且实现两者之间的深层次融合。网球这项运动不仅能够培养学生严格的组织纪律和集体责任、荣誉感，还能教导学生在规范的约束下展现自己的主观能动性和创造力。这不仅构成了道德教育的核心内容，同时还是现代人所必需的身体和心理素质。在教学过程中，社会化内容的教授和学生观念的形成在很大程度上依赖于科学和文化知识的教授，特别是思想品德教育。更关键的是，学生在与教师和其他学生的互动中，从各种教学规则和纪律要求，以及集体舆论、传统观念、班级风气、学校风气和他们亲自参与的课堂内外的群体网球活动中，能够间接地体验、学习并将其内化。这种社会化内容的体验和学习由于其获取方式的感性和自然性，而不是抽象和强制的，所以更容易被学生接受并产生深刻的体验。②致力于培养隐藏的社交技能。学生的社会化能力是衡量其社会化水平的关键指标，涵盖了他们的社会职业技能和社交技巧。培养这两方面的能力在很大程度上依赖于发展智力和能力这两个明显的功能，同时还依赖于职业和专业的实践性学习活动及人际交往活动，如各种形式的练习、实习、比赛等。通过特定的社会职业角色扮演，学生可以逐步体验角色，获得所需的职业品质和人际交往技巧，从而培养社交能力。③为潜在的社交行为提供诱导和控制机制。当学生展现与社会标准相一致的行为时，标志着他们的社会化进程已经基本完成。在网球运动教学过程中，存在几种对学生行为社会化有益且潜在的引导和控制手段：首先是教师的行为，对学生的社交模式能够产生直接的示范和引导作用；其次是学生的行为模式在很大程度上会受到所在群体文化的影响，所以他们必须遵循并实践该群体的各种传统和规范；最后是运动文化，网球教学不仅要向学生传授运动和卫生保健知识、提升身体素质，还需要对学生进行网球运动道德行为和规范社会化教育，从而对学生的社会化行为产生指导、评价等控制性作用。

（2）学习主体化功能。①促使学生在学习过程中形成主体性。能动、自主和创造构成了学生学习主体性的基础。在网球运动教学过程中，学生的学习主体性往往以一种不易察觉的方式存在。现代教育方式通过其目标、内容、方法和工具的完整性，持续地推动学生在生理、心理和文化方面的全方位成长。正因为这种全方位的成长，学生的学习主体性才得以真正的确立。从学生学习的外部环境来看，教师自身的人格示范和影响、教师与学生之间的互动和期望，以及在教学过程中建立和提供能够自我展示和自我锻炼的各种环境，都对学生学习主体性的形成产生了外部的指导、促进和触发作用。学生对教学内容的掌握和应用，以及个人学习的时间、空间和方法的选择，都对其主体性的建立产生了各种内部的推动作用。简言之，学生的学习主体性是在外部影响和内部推动的双重作用下逐渐而不明显地得到塑造和建立的。②致力于培养学生的独特学习主体结构。学生学习主体化不仅是基于其学习主体性的塑造，还取决于学习主体性结构的形成。学习主体的个性结构是由学习主体的意识和能力共同构建的，仅仅依赖理性（如知识和道德）的教授及能力的培养，是无法真正解决问题的（最多只能为我们提供认知上的支持）。真正实现这两方面的发展，学生需要依赖他们长期的学习经验和实际的锻炼经验。

（3）培养情感功能。①激发学生对社会情感的深入体验。高层次的社会情感是由理性、道德和审美 3 个方面共同构成的。在学习旅程中，学生会不可避免地体验喜悦、沮丧等情感，而这些情感的持续累积和稳定实际是对理智的塑造和深化。学生道德观念的塑造很大程度取决于是否能够遵循某些社会道德标准，如体育活动规范等。美的感觉源于美的事物。在网球运动教学过程中，教师不仅需要教授美的知识，还要为学生提供了与美相关的活动，在一个充满美的运动环境中帮助他们持续地体验美，从而培养美感。②为情感建立触发场景。学生的情感和情绪反应往往是由特定情境因素触发的。在网球运动教学过程中，情境因素起到了关键作用：首先是教师的情感驱动。教师在教学中展现的各种情感和表情都会持续地影响学生，导致他们的情感和情绪发生相应的转变。其次是教学情境的设计。教师为学生提供了形象生动的教学环境，如游戏、练习和比赛等，让他们能够身临其境地进行学习。最后是课堂心理氛围。这种氛围以真实性、理解力和尊重为主要特点，从而激发学生的积极情感体验。③有助于情绪的区分和管理。网球是一种技巧性的隔网竞技活动，具有不可替代的吸引力，被视为一种绅士运动。在网球教学过程中，教师对学生进行情感管理训练，主要是通过学生的主观感受，如语言和外在表现，调整和激活他们的中枢神经系统，确保学生达到最佳状态。尽管存在众多的情绪训练策略，但每位学生的实际情况都是独特的，教师需要根据他们的具体需求选择最适合他们的心理训练方式，确保他们在比赛中能够展现最好的情绪状态。其中可以采取的方法包括独自对话、自我抚慰、高声尖叫、紧握拳头释放情感、转过身来调整拍线、拿毛巾擦去汗水、蹲下并紧绑鞋带、做一个鬼脸让自己放松、深呼吸、活动四肢、轻轻拍打前额，以及如果有轻微伤害，可以申请医疗暂停等。随着从低年级逐渐升到高年级，学生在教学中受到的影响越大，他们的情绪就越容易分化、丰富和完整，情绪自我调节和控制能力也会增强。显然，学生的情绪变化、管理与教育效果之间存在紧密的关系。

第六章　体育运动多元化教学与训练实践探究

第一节　篮球运动教学与训练实践探究

一、篮球运动的常规教学与训练

篮球是中国青少年最喜欢的体育活动之一。篮球比赛是一个由跳、跑、投等基本动作组成的集体直接对抗性的竞赛活动，要求队员在活动中紧密配合、灵活机动。作为一项运动，篮球对提升学生的身体素质具有显著的作用。因此，在教学大纲里，篮球被选为主要体育教学内容。

（一）篮球技术的常规教学与训练

1. 移动

在篮球比赛中，当队员的位置、方向、速度或高度发生变化时，所使用的各种脚步动作被统称为移动，这是篮球比赛中的一个核心技术动作。移动技术构成了所有技术的根基，并且是篮球战术协同的关键要素。

（1）教学与训练方法。

第一，深入理解移动动作的关键技巧，并且按照体操的队形进行基础站立和各种移动训练，可以边讲解边练习，实现教与练的完美结合。

第二，根据口令进行移动动作练习。学生遵循体操队形，听从教师的指令或观看教师进行各种形式的移动练习。

第三，与实际操作相结合。两人组成一个小组，一个进攻，一个防守，实践练习各种动作，进一步提高动作质量。

第四，在篮球场上进行练习。依据篮球场上的线圈和固定目标进行各式各样的移动训练。

第五，采用障碍物进行练习。在进行各种障碍物的移动训练时，学生需要仔细观察并合理应用它们。

第六，进行抛接球训练。学生站成纵队，首先将球抛向前方 4～5 米的天空，然后迅速启动，接住球后立刻转身，将球传回自己的队伍，接着依次进行“拉网捕鱼”式的训练。

（2）易犯错误及纠正方法。

常见错误 1：双脚间距过短，重心偏高，上半身稍前倾。纠正策略：练习时，教师应多次强调动作要点，或者多次解释动作主要技巧，并且通过正确的示范动作引导学生练习。

常见错误 2：在开始移动的时候，蹬地力量不足，腰腹灵活性差，动作速度滞后。纠正技巧：教师示范蹬地动作和上身协同动作，并且要求学生在缓慢练习的过程中加深体会。

常见错误 3：在移动过程中，手脚配合不协调。纠正策略：在缓慢练习的过程中，深入体会手与脚的协同动作，逐步提高训练标准。

常见错误 4：前脚掌蹬地发力不当，导致动作的灵活性降低，动作速度也变慢。纠正策略：在缓慢练习的过程中，了解和掌握前脚掌蹬地和触地的动作技巧。

常见错误5：在急停触地的时候，脚跟着地滚动到前脚掌，这样容易导致身体前倾，急停不稳。纠正策略：首先进行跨步急停的练习，接着是跳步急停，注意从慢速逐渐过渡到快速，以逐步提升技能。

2. 运球

运球技术是在摆脱竞争对手并进行战术配合时经常使用的一种核心技术。运球有多种技术方法，包括高运球、低运球、急停急起、体前变向换手运球、体前变向不换手运球、背后运球、胯下运球、运球转身等。

手对球的操控技巧实际是对球反弹的高度、速率和角度的精准控制，以及脚步移动的有效配合，要确保手脚协同。

（1）教学方法。

第一，注意原地的垂直高度及各种方向的运球技巧。

第二，通过靠墙运球训练，可以增强腕部和手指的控球能力。

第三，体前单手进行推提运球训练。

第四，行进过程中的运球训练。

第五，围绕整个场地进行圆弧形运球训练。建议左手和右手交替运球，并且在绕圈运动时进行外侧运球。

第六，进行攻守运球训练，并且用单手进行背部运球训练。

（2）易犯错误及纠正方法。

容易犯的错误1：运球时，身体不协调，手与球接触的部位不正确。纠正策略：教师讲解和示范运球的关键技术动作，在缓慢练习的过程中让学生更好地理解和掌握这些动作。

容易犯的错误2：运球时，低头，控球能力差。纠正策略：在运球过程中，通过喊出教师手指的数量或注视目标以纠正低头运球的错误。

容易犯的错误3：在运球过程中，不会适当地用身体保护球，使球更容易被对手击落。纠正策略：教师讲解和示范运球时的身体动作和手臂协调配合方法，强调保护球的重要性，然后在慢速练习中体会动作要领。

容易犯的错误4：在改变运球方向、调整运球速度和转身时，动作幅度过大，导致明显的翻腕动作，从而引发二次运球的违规行为。纠正策略：教师需要多次详细地讲解在变向、变速和运球转身过程中手触球的位置及身体的具体动作，然后通过缓慢的练习，让学生感受动作，逐步提高速度，进而提高技能水平。

3. 传接球

在篮球比赛中，传接球是球员有目标地转移球的一种方式，它构成了进攻的关键连接点。接球技术与传球有着密切的关系，接球的主要目的是获取球，从而方便投篮、突破、传递或运球操作。

（1）教学方法。

第一，原地用双手或单手进行传球和接球。

第二，在移动过程中用双手或单手传球和接球。

第三，在行进过程中（首先是缓慢移动，然后是快速移动）用双手或单手传球和接球。

第四，综合传球和接球。

（2）易犯错误及纠正方法。

容易犯的错误1：接球手的姿势不准确，没有缓冲动作。纠正策略：明确正确的手势，增加迎球的距离。在缓慢训练中，让手臂和肘部放松，接球时顺势向后移动以便更好地掌控球。

容易犯的错误2：持球的手部姿势不当，当掌心与球接触时，传出的球失去力量。纠正策略：教师进一步讲解和示范正确的持球手形，可以让学生持球进行相互推动练习，理解正确的持球和施力技巧。

容易犯的错误3：在持球或传球的时候，肘关节外展。纠正措施：确保手腕处于松弛状态，避免肘关节下垂，并且可以进行模拟练习，以便更好地理解正确的动作。

容易犯的错误4：在传球过程中，动作不同步，双手传球时施力不均匀或双手交叉，传出的球是侧旋的；单手传球动作就像推铅球或甩球。纠正策略：在缓慢练习的过程中，感受正确的动作方式。教师密切关注学生手臂在出手后的动作，指导学生注意球的落点，明确指出落点不准确主要源于传球失误，引起学生的关注并促使他们认真练习。

容易犯的错误5：在行进中传球和接球时，手脚配合不协调，有的腾空较高，有的侧身跑动，影响传球的速度和效果。纠正措施：教师进一步详细地解释和展示行进过程中的传球和接球及手脚配合技巧。在进行慢速练习时，让学生先感受正确的动作，然后逐步加快速度。

4. 投篮

（1）教学方法。首先，可以选择在原地用双手或单手进行近距离投篮。其次，在行进过程中（先缓慢，后迅速），用双手或单手进行跳跃投篮。最后，可以选择用双手跳跃投篮或用单手进行投篮。

（2）教学步骤。

第一，在篮球运动的初级阶段，学生需要学习并初步掌握正确的投篮方法，并且深入理解投篮技巧的核心和关键点，特别需要熟练掌握投篮技巧，逐步实现动作的连贯性和用力的协调性，同时还要了解瞄篮点、球的飞行抛物线及球的旋转模式。教师可以安排徒手模拟投篮、墙壁对射及原地投篮等多种练习活动。

第二，在掌握了投篮的基础技巧之后，需要持续地进行巩固和强化训练，以便及时纠正不正确的投篮动作，从而形成正确的投篮动力模式，并且为实际的比赛应用奠定坚实的基础。教师可以组织不同的形式和条件的训练，注意练习的次数和时间，强调练习的质量。

第三，增强投篮、脚步、传球、运球和突破等技巧的连贯性，以及身体的平衡控制能力，从而为实际比赛打下坚实的基础。教师可以安排传球投篮、运球投篮、运球转身投篮等练习，并且可以采用传切、突分、掩护、接应或综合配套投篮练习方法。

第四，采用对抗性的投篮训练方法，可以使训练更加贴近比赛要求。教师可以安排竞赛性的训练和防守环境下的投篮练习，提高学生的兴奋度和技术应用适应能力。

（3）易犯错误及纠正方法。

容易犯的错误1：持球的时候，手心碰到球，导致投篮动作不同步。纠正措施：教师需要特别强调在持球过程中，手触球的位置必须是准确的，并且通过模仿墙壁投篮的方式帮助学生更好地理解和掌握这一动作。

容易犯的错误2：肘关节外展，导致在投篮时无法施加足够的力量，投篮时手腕和手指会变得僵硬，投出的球并不是向后旋转，而是轻微的横向旋转。纠正措施：站在墙的对面，不断地执行瞄准篮子和收回的动作，或者进行主动出击的动作（即自接）。每次执行时，都需要仔细检查肘部、手腕和手指的动作，以及球的旋转方向是否准确无误。

容易犯的错误3：投篮时，由于投篮角度过小，手臂仅向前推而没有向前上方伸出，导致球的飞行抛物线偏低，难以命中目标。纠正策略：投篮者前方站一个人（或设置挡板），将双手高高举起，这不仅有助于提高投篮者的抛物线投篮精度，还可以帮助他们纠正投篮或跳投时身体前倾的错误。

容易犯的错误 4：投篮时，过早地使用手臂、手腕和手指的力量。球刚一挥出，手臂迅速收回，没有产生那种“伸出手臂保护球进入篮筐”的感觉。纠正技巧：在训练过程中，特别强调只有在手臂即将伸直的瞬间，才能有效地运用手腕和手指的力量。投篮后，仔细观察自己手臂的动作，确保随着投篮的方向在空中稍作停留，然后护送球进入篮筐。

容易犯的错误 5：在行进过程中，投篮步伐混乱、跳跃时动作不协调等。纠正技巧：可以在移动或缓慢移动的过程中，用正确的步伐拿起教师手中的球进行投篮练习，然后逐步提升跑动速度，以便更好地接住教师传来的球并进行投篮。

容易犯的错误 6：在进行投篮起跳的过程中，身体前冲过大，无法控制身体平衡，导致投球时用力过大。纠正技巧：在练习过程中，特别强调第一步要比第二步大一些，并且从脚跟接触地面逐渐过渡到脚掌完全接触地面。在摆动腿部的同时，向前上方抬起球和肘部，主要依靠手腕和手指的力量以柔和的方式将球投掷出去。可以通过徒手练习掌握起跳和出手的正确技巧。

5. 持球突破

持球突破指的是持球队员结合脚步和运球技巧，迅速超过对方的一种技巧，是一种具有高度攻击性的个人进攻方式。持球突破有多种方法，包括原地持球突破（如交叉步突破、同侧步突破、后转身突破）、跳步急停突破（如正对篮突破、前转身或后转身突破）等。

（1）教学方法。

第一，重视培养学生的战斗勇气和坚韧精神，确保他们在持球突破时选择恰当的时机，确保他们的动作既迅速，又坚定有力。

第二，培养学生在原地或在快速移动时的接球能力，确保他们的两脚都能作为轴心，同时能够迅速地朝不同的方向进行突破。

第三，教授持球突破时需要将其与投篮、传球和接球等技巧紧密结合，确保动作流畅、协调并能灵活运用。

第四，在教学过程中，需要重点关注蹬跨、转体探肩、放球、加速等各个环节的规范和协调动作的练习与提升，注意遵守规则。

第五，在教学过程中，重视并强化步伐、运球和保护球的结合技巧和能力的培训和提升。

（2）教学步骤。

第一，可以选择在原地交叉或使用同侧步伐进行突破。

第二，快速的跳步和急停以实现突破。

第三，在前进或后退的过程中转身突破。

第四，与其他技术相结合。

（3）易犯错误及纠正方法。

容易犯的错误1：持球突破的时机和假动作的应用存在不合理之处。纠正技巧：详细讲解持球突破过程中如何巧妙地运用假动作，以及如何精准地选择合适的时机。可以在较慢的速度下进行实践体验，并且对模拟动作的应用设定标准。

容易犯的错误2：在持球突破的过程中出现蹬跨、转体探肩、放球和加速的不连续和不协调现象。纠正策略：教师进行示范活动，强调各个环节结合的关键点，并且以3∶1∶2的相对缓慢的速度进行示范，帮助学生明确正确的动力模式。

容易犯的错误3：在持球突破的时候，轴心脚会移动，或者在运球的时候，球在手中会有明显的停滞，导致违规。纠正策略：通过讲解和示范确定轴心脚的位置，并且合理地选择练习的方法，提升突破时的步伐和运球技巧，同时还要注意遵守规则。

容易犯的错误 4：在持球突破的时候，由于身体重心过高，没有注意保护球，导致失误。纠正策略：教师站在需要突破的地方，双臂水平举起，引导学生从其手臂下方进行运球突破。这有助于降低学生的重心，增强他们保护球的能力。

6. 个人防守技术

（1）防守有球队员。当进攻方的球员进球时，他们会采用投篮、突破或传球的方式威慑防守方的球员。在面对有球队员的防守时，必须尽最大努力去干扰他，并且对他的各种进攻技巧的应用和表现产生影响。

（2）防守无球队员。当进攻队员处于无球状态时，他们的主要进攻目的是摆脱对方的防守，然后空切至篮下或在有利位置进行接球和投篮。在防守无球队员时，必须明智且主动地选择有利的防守位置，努力阻止无球队员从空切中逃脱，并且始终保持警觉，防止无球队员接到传向他的球，确保防守策略的合理性、积极性和攻击性。

7. 抢球、打球、断球

在个人防守技巧中，抢球、打球和断球都是攻击性很强的技巧。它们不仅是积极防守思维在防守中的具体表现，还是积极防守策略中的关键部分。抢球技巧包括拉抢和转抢。打球方法包括持球、运球、上篮和盖帽。断球技巧包括横断球、纵断球和封断球等。

8. 抢篮板球

在投篮失败的情况下，争夺篮板球是双方争夺控球权的一种技巧。这项技术在篮球运动中占据核心地位，无论是进攻还是防守，它都显得尤为关键，并且在比赛中起到了转换攻守的核心作用。在进攻过程中，如果能够有效地控制篮板球，不仅能提高进攻的频率和投篮得分的概率，还能增强队伍中其他队员投篮的自信心，从而降低对方发起快速进攻的可能性。在防守阶段，如果能够妥善地控制篮板球，不仅能打断对方的连续进攻，让进攻的球员产生投篮疑虑，还能为本队的快速进攻提供有利条件。

（二）战术基础配合

战术基础配合指的是 2～3 名队员之间通过出色的协作形成的简单配合，包括进攻和防守两个方面，是构建整个队伍攻防战术的基石。

1. 进攻战术基础配合

进攻战术基础配合涵盖了传切配合、突分配合、掩护配合和策应配合等多个方面，这些都是构建全队进攻战术的基础要素。这些基础配合对配合的位置、移动路径、配合时间及技术动作都有非常严格的要求。考虑到进攻策略的基本配合方式和特点，教师应该培养学生的团队合作精神，以及他们之间紧密合作和默契配合的技术能力。

2. 防守战术基础配合

防守战术基础配合涵盖了“关门”配合、夹击配合、补防配合、挤过配合、穿过配合、绕过配合及交换防守配合等多个方面，这些都构成了整个队伍防守战术的基础要素。在实际合作过程中，只有当队员们以严肃、认真、积极和坚韧的态度掌握合作的时机、路径和位置并熟练掌握技术时，合作才能取得成功。

依据防守战术的基本配合方法和特性，教师应对学生进行积极的防守思维教育，旨在培养他们严肃、积极和坚韧的战斗态度，以及团队合作的集体主义精神，从而提升他们在协同防守方面的能力和技巧。

二、运动教育模式在篮球运动教学中的实践应用

如今，篮球在学校受到了众多学生的喜爱，但由于缺少竞赛意识，

大大降低了整体教学质量。因此，我们必须加强培养学生的竞赛意识，激发他们学习篮球技能的热情。为了推动我国体育教学事业的发展，我们应该将体育教学的方式与我国篮球运动教学的实际需求相结合。

（一）运动教育模式应用于篮球运动教学的教学目标

将运动教育模式融入篮球运动教学的主要目标是培养学生成为有能力、有修养和充满热情的运动参与者，确保参与篮球学习的学生能够掌握特定的运动技能，并且进一步发展他们的篮球运动技能和体能；具备一定程度的篮球战术知识，能够评估和应用这些战术，具备选择和参与与自己能力相匹配的篮球运动项目的能力，拥有强烈的团队合作精神，能在团队中担任一定的角色，发展决策和解决问题的能力，同时也了解篮球裁判相关知识，拥有一定水平的篮球裁判技能；培养积极参与篮球活动的意识。

（二）运动教育模式应用于篮球运动教学的教育理论

从运动教育的理论角度来看，篮球运动教育模式的主要特点是体育教师在进行篮球运动教学前需要做好充分的准备，并且在教学过程中详细介绍各种篮球运动教学模式。这样可以帮助学生更好地理解和掌握篮球运动教学的核心内容、主要目标、主要工具和方法，以及基本课堂规则。在教学过程中，教师可以组织固定的学习小组，每个小组的学生都需要扮演教练的角色，并且组织小组成员设计教学计划，学习篮球技巧和战术，并且模拟正式的积分制比赛，重点是让学生亲身体验运动全过程，而不仅仅是单纯地观察结果。

1. 赛季

篮球赛季的运动教育方式与传统的教学单元有所区别。在篮球赛季中，每个赛季通常至少需要 20 堂课。某学者曾提出，一个运动赛季通常涵盖练习阶段、季前赛、正式比赛及季后赛。

2. 组建小组

在整个篮球赛季中，学生可以自由地组建小组，也可以在教师的指导下进行分组。在整个赛季，学生都是在小组中学习，共同决定比赛的各项事宜，一起完成赛季目标，体验失败和成功，建立小组的荣誉，并且发展小组的特色。

3. 正式比赛

正规的竞赛在教育过程中占据关键位置。在教师的引导下，每个小组都策划多次比赛，并且根据比赛安排为自己的团队制定短期和长期的竞赛策略。

4. 最终比赛

比赛可以是团体赛，也可以是个人赛，学生选出最终的裁判员进行现场裁决。最后的比赛规定所有学生都必须出席，哪怕是作为观众为参赛者加油。

5. 记录成绩

在篮球比赛中，成绩的记录是必不可少的。学生在这一过程中不断地学习，激发了学习热情，并且通过这些成绩认识自己的长处和短处。通过对学生成绩的深入分析，教师可以有针对性地帮助他们提升应对各种战术的能力。

6. 庆祝活动

庆祝活动不仅是整个赛季的尾声，更是运动教育方式的进一步提升。赛事结束后，学生通过精心布置比赛场地和精心设计颁奖仪式等，营造一种欢快的氛围，从而激发学生对篮球运动的热爱，并且为整个赛季画上完美的句号。

（三）运动教育模式应用于篮球运动教学的必要性

篮球之所以能赢得众多学生的喜爱，主要是因为学生能够通过团队合作赢得比赛。在篮球比赛中，学生需要合理利用所学的知识，而过去传统的教学模式只注重学生掌握篮球技能，忽视了学生的全面发展。在采用运动式教学方法时，我们能够培养学生的团队合作精神，加强他们的团队合作意识，鼓励他们为共同的愿景持续努力。在进行运动式教学时，我们不仅期望学生能够熟练地掌握篮球动作和技巧，还希望他们能够熟练运用攻守策略，确保在真实的比赛中能够有效地应用所学的知识，从而使篮球运动教学变得更加有深度、有意义。

1. 运动教育模式使学生更加了解篮球运动

运动教育模式在篮球运动教学中的应用已经改变了学生对体育课程的看法。在运动教育课堂环境中，学生被要求扮演篮球比赛中的各种角色，这些角色要求学生能够对篮球运动有全面的了解。除了对篮球的历史有所了解外，还需要学生熟悉篮球比赛的各项规则，以及裁判的判罚准则。对篮球历史的学习能够让学生对篮球有更深入的了解，掌握篮球文化，并且在学习过程中展现较高的篮球修养。在当前的运动教育模式中，学生被要求扮演各种角色，他们不仅是球员，还有机会成为队伍的领导者、宣传者、裁判员、记录员和啦啦队成员。为了更好地掌握篮球运动技能，学生不仅需要深入了解与篮球相关的各种规则，还需要对篮球的运动技巧有更深入的了解。传统的教学方法过于强调学生对运动技巧的掌握，却忽视了篮球的规则。在真实的篮球比赛中，学生通过扮演各种角色，不仅增强了责任心，还能更加准确地理解篮球运动的意义。与传统的教育方式相比，这一教育模式不再局限于考试，而是让学生更加真实地熟悉和掌握篮球比赛技能和各项规则。

2. 运动教育模式提升了学生的篮球运动专业技能

这种运动教学模式让学生在整个学期都需要通过小组形式进行学

习，这为他们创造了一个积极的学习环境，有助于他们更有效地掌握篮球运动技巧。尽管在传统的教学模式中运动技能的教学被高度重视，但学生的综合能力仍然是决定其运动技能掌握程度的关键因素。运动模式旨在通过传授与篮球有关的专业知识，促使学生更有效地掌握篮球运动的各项技巧。通过赛季篮球运动教学模式，学生可以在一个学期内进行一次篮球比赛，不仅能够帮助学生掌握战术和应对策略，还能让他们更有效地运用所学的运动技巧。学生可以通过亲身体验比赛现场的氛围，更加热爱篮球，勇于探索篮球运动中的未知领域，从而培养对篮球的热爱和学习能力，从而进一步提升篮球运动技能。

3. 运动教育模式对学生的心理产生了积极影响

运动教育方式彻底改变了传统教育模式，使其不再像“模具”，而是从“复制模型”转向更加尊重个体的成长和发展，真正实现了以学生为中心、因材施教的原则，提升了学生的心理素质，使他们变得更加独立、自信、乐观，勇于接受挑战，从而促进了学生个性的发展，增强了学生的耐挫能力，提高了学生的适应能力和学习能力。

（四）运动教育模式在篮球运动教学中的实践应用

1. 运动教育模式在篮球运动教学中的应用

在篮球运动教学过程中，我们采用了特定的运动教学模式。在整个赛季开始之前，学生需要被分为多个小组，并且在整个学期内都以小组的形式进行学习，这充分展现了篮球这项运动的团队合作精神。在学期里，每个学生的表现都会对整个团队的成长产生作用。在成功划分小组之后，每个小组都需要选出一名队长，队长会根据学生的表现分配不同的角色。这些角色包括宣传员、裁判员、记录员及啦啦队员。在正式比赛中，裁判员的角色分配是至关重要的。他们不仅要负责制定比赛规则、手势和得分方法，还需在比赛开始前为学生提供与裁判有关的教育和指导。在实际的篮球运动教学活动中，教师有可能穿插2～3节课，以便更全面地介绍与篮球有关的各种知识。最后的比赛是一场正规的篮球赛，学生在比赛中自行记录成绩，还可以啦啦队员的身份为自己的队伍加油、喝彩。在比赛过程中，学生在记录自己成绩的同时，还能意识到团队存在的问题，以及总结未来应对比赛的策略。在比赛的最后阶段，当自己的队伍打进一球后，比赛的情绪和氛围能够为学生带来激情，有助于学生更深入地理解篮球运动的意义。

2. 篮球运动教学中实施运动教学模式应注意的事项

（1）教学前的准备工作。运动教学模式代表了一种创新的教学方法。在开始实施这种教学模式之前，教师需要对其有深入的了解。只有当教师完全掌握了与运动教学模式相关的所有知识时，他们才能在课堂上有效地应用这一模式进行教学。对学生而言，有些学生可能从未接触过运动教育模式，或者对该模式的教学感到不适应。因此，在实际应用运动教学模式之前，教师应先针对该模式进行基础性讲解，以便学生能全面了解该模式的具体教学方法，并且培养他们适应小组学习的习惯，进而形成团队合作意识。

（2）合理的分组。运动教育模式的核心思想是将学生划分为小组来进行篮球比赛，这是实行“运动教育模式”的根本。每个学生的表现都对整个团队的整体表现产生影响，不仅关乎公平学习的可能性，还体现了公平竞争的核心理念。在采用运动教育模式时，教师需要重视分组策略和方法，可以考虑使用等级量表进行分组。

（3）正式比赛前充分考虑学生各个方面的水平。在比赛开始之前，教师需要确保学生已经掌握了所学的技能和知识，这样他们才能深入了解比赛的各项规则和现场的秩序规定，从而在比赛中更好地发挥自己的能力，避免出现不正当行为，确保比赛有序进行。教师在教学过程中还应深入了解每个学生的心理状况，激励他们踊跃参与竞赛。

(4) 在教学中插入篮球运动项目规则、文化等知识。运动式教学的主要目的是激发学生对篮球的兴趣，而兴趣的产生主要取决于学生是否有能力欣赏这项运动，并且感受它的吸引力。为了让学生真正欣赏篮球，有必要让他们深入了解篮球的发展历史、文化背景、规则和礼节等。尽管在运动教育模式中有篮球相关知识的讲解，但在实施运动教育模式时，教师应将篮球理论知识的教学作为重点进行教授。

第二节　体育舞蹈教学与训练实践探究

一、体育舞蹈的常规教学与训练

(一) 常用的基本舞步

1. 跑跳步（一拍完成）

站立时采用小八字步，双手交叉于腰间。首先，左腿弯曲并向前抬起，紧绷着脚面；与此同时，右脚向前迈出一小步，接着左脚也前倾至地面，然后切换到右腿并屈膝前抬。可以选择向前、向侧或向后进行动作，确保动作流畅、充满活力，并且让双臂自如地前后摆动。

2. 跳踢步（两拍完成）

保持自然的站立姿态，双手搭在腰间。首次轻拍时，双脚轻轻一跃。在第二次尝试时，再次跳跃，用左脚向前方踢出；与此同时，右脚也接触到了地面。既可以选择连续进行，也可以选择双腿互换；可以朝前方、侧方或后方进行踢腿动作；既可以在原地操作，也可以在移动时进行；可以选择直膝踢腿，或者屈膝踢腿。动作要轻盈，充满活力，同时头部动作要和谐统一。

3. 踵趾步（两拍完成）

保持自然的站立姿态，双手搭在腰间。首次轻拍时，双脚轻轻跳跃，右脚轻轻落地并稍微弯曲膝盖，同时左脚紧随其后，在身体前方轻触地面。在第二次动作时，轻轻地用右脚拍打并跳跃，同时膝盖微微弯曲，左脚尖位于身体的后方并轻触地面。既可以选择连续进行，也可以通过过渡动作交换腿部。脚后跟可以在相同的方向上连续点击，或者在不同的方向上分别点击。确保动作充满活力，并且与头部的姿势和位置动作相协调。

4. 踵趾踢步（四拍完成）

保持自然的站立姿态，双手搭在腰间。首次轻拍时，双脚轻轻跳跃，将右脚轻轻弯曲至地面，同时左脚紧随右脚尖的前面接触地面。在第二次拍击中，右脚轻轻跳跃，落地时稍微弯曲膝盖，同时左脚尖在右脚的右侧接触地面，膝盖微微弯曲。在第三次拍击时，轻轻地用右脚跳起，同时将左腿朝左前方踢出；在第四次拍击中，右脚轻轻跳跃，两脚几乎同时触地。既可以选择交换双腿，也可以连续进行。动作要展现轻盈和活跃的特质。

5. 快踏步（两拍完成）

保持自然的站立姿态，双手搭在腰间。首先进行第一次拍击，然后是上半拍，左腿弯曲并摆在膝盖上，与此同时，右脚蹬地并随之屈膝摆起，左脚也随之着地；在下半段，他轻轻拍了拍右脚，然后立刻着地，与此同时，他的左膝开始屈膝并向上抬起。在第二次击球时，左脚触地了；开始进行右腿弯曲和膝盖上摆的动作。你可以选择在原地进行，也可以在前行的过程中进行，或者在左右方向移动时进行。动作要流畅，节奏要清晰。

6. 踢毽子（两拍完成）

站立时保持自然，首先轻拍左腿，使其屈膝并抬起，然后用右脚从地面上蹬出并屈膝，小腿从左腿前方向内拐并踢出；与此同时，左脚也要着地。在第二次拍击时，将右脚轻轻落地并恢复原状。既可以选择连续进行，也可以通过过渡动作交换腿部；可以让右小腿从左腿的后部向内拐，形成右腿的后踢毽子动作，同时还可以让右小腿从侧面向外拐，形成侧踢毽子的动作。要求动作轻快、节奏清晰，双臂要随着腿的动作自然摆动。

7. 垫跳步（两拍完成）

保持自然的站立姿态，双手搭在腰间。在节奏中，右膝略显弯曲，左膝则稍微抬起并远离地面。首次拍击时，左脚的前脚掌垫在地上，膝盖伸展形成立踵，右脚则直膝并离开地面。在第二次拍击中，右脚触地，恢复之前的节拍动作。既可以选择连续进行，也可以通过过渡动作交换腿部；可以选择在原地进行，或者在前进、侧向、后退的过程中进行，还可以一边旋转，一边继续操作。动作必须柔和且有弹性，上下的起伏和节奏要清晰。

8. 踏跳步（两拍完成）

保持自然的站立姿态，双手搭在腰间。在节拍开始之前，左膝稍微前屈，离开地面。首次拍击时，左脚从地上跃起，右腿弯曲并向前摆动。在第二次拍击时，左脚触地，将右膝抬起并停在空中，然后切换到右脚。既可以在原地进行，也可以在移动时进行，或者在旋转的同时进行；可以选择向前、向侧或向后弯曲膝盖进行摆动，或者选择直膝的摆动方式。动作既要有力，又要有强烈的节奏感。

9. 跳点步（两拍完成）

保持自然的站立姿态，双手搭在腰间。在第一次拍击中，上半拍时左脚向左跃出一步，下半拍时右脚紧随其后在脚边进行点击。在第二次拍击时，左脚在原地迈出一步，然后切换到右脚并跳出，这样可以向多个方向跳跃。确保动作充满活力，同时注意上身与头部的协调配合。

10. 三步一跳（四拍完成）

保持自然的站立姿态，用左脚启动，然后向左行走三步，每走一步都进行一次拍击。在第四次拍击时，左脚从地上跃起，同时用右脚向左踢，使左脚触地；调整右脚，然后向右行走。可以在前、后、左、右各个方向进行操作，也可以选择直膝踢腿或屈膝抬腿。确保动作流畅且自如，双臂要随着动作节奏自然摆动。

11. 秧歌步（四拍完成）

自然站立，三次前进，一次后退。左脚启动，向前旋转三步，每走一步都轻拍一次，双膝轻微震动，双臂在胸前做一个横向的“8”字形摆动；四次拍打右脚，使其在原地后退一步，同时左脚稍微离开地面。

每走三步就跳一次。1～3 拍相同，在第三拍的后半拍时，左脚跳起并用小腿进行后踢，右脚向前跨出，两臂摆到右肩膀位，然后左臂托掌位，右脚落地。

交叉的步伐。首先，用左脚向右前方迈出一步；在第二次拍击时，用右脚向左前方迈出一步；在第三次拍击时，用左脚向左后方迈出一步；在第四次拍击中，右脚向右后退一步，双臂随着脚在胸前进行横向的“8”字形摆动。既可以在原地进行，也可以在前行的过程中进行；可以进行转体操作，一边进行，一边向左旋转。

秧歌步强调动作要流畅，充满活力和热情。

（二）基本舞步与动作组合

1. 踏跳步组合（八拍完成）

进行 1～2 次的拍击，左脚进行踏跳动作，右腿向后弯曲并摆动，双臂向内摆动直到右臂在身体后方弯曲，左臂则在身体前方弯曲。进行 3～4 次的拍击后，左脚进行踏跳动作，左腿则向前弯曲并摆动，两臂外摆直至侧举位置。进行 5～6 次的拍击后，用左脚进行踏跳动作，右腿在右侧弯曲并摆动，双臂向内摆，直至右臂在身体前方弯曲，左臂则在身体后方弯曲。7～8 拍与 3～4 拍相同，需要重复执行。既可以在原地操作，也可以一边操作，一边向右方移动。经过两次八拍，可以切换到右脚。

2. 先踏跳，向左侧动踢毽步组合（八拍完成）

进行 1～2 次拍击，然后抬起左膝，右腿向前踢毽步。进行 3～4 次拍打，然后抬起左膝，右腿向后踢毽步。进行 5～8 次的拍打，用右脚踢毽步两遍。这个动作可以多次执行，双臂随着动作自然摆动。完成两次八拍动作后，用左脚替换。

3. 跳点步组合（八拍完成）

进行 1～2 次拍击后，左脚向左方进行跳跃和点步动作，左臂则弯曲肘部，从右至左在头部前方轻微摇晃双手，而右手则在左肘下方按下掌。进行 3～4 次拍打，然后用右脚向右做一些跳跃动作，接着切换到右臂并轻轻摇晃双手。进行 5～6 次拍击后，用左脚向前迈出跳跃的步伐，身体前倾，同时将左臂向前和向下伸展，右臂向后抬起，头部向后仰，仔细观察左手的动作。在进行 7～8 拍打动作时，右脚需向后进行跳跃点步，同时保持上身向右旋转并向后仰视，头部则向左旋转并仰视，左手应叉腰和肘部向前，右手则应扶头向后，此时可以开始用右脚进行动作，并且确保手臂、上身和头部位置协调配合。

4. 踵趾步、快踏步组合（八拍完成）

用1～2次的节奏，左脚执行前踵和后趾步的动作。在进行前踵动作时，手臂前段稍微交叉，上半身则位于左侧；当后趾移动时，双臂外翻并展开，形成侧向的下举动作，上半身保持直立。进行3～4次拍打时，左腿弯曲至膝盖并前摆以实现快速踏步；与此同时，两个前臂向上内绕，直至达到手叉腰的位置。执行5～8拍的动作时，与3～4拍保持一致，但需切换到右脚。既可以在原地进行，也可以在快速行进的过程中进行；在进行第二次八拍动作时，可以进行360度的快速转身踏步，并且将双臂摆到3个位置。

5. 跳踢步、垫踏步组合（二八拍完成）

执行1～4次拍击，同时左腿弯曲膝盖并进行外摆侧踢，执行两次跳踢步，头部向右稍微偏左转，目光集中在左脚上，双手在右耳附近击掌两次。5～8拍的动作与1～4拍相同，但需切换到踢右脚。

在二八拍的前四拍动作中，用右脚做两次垫踏步，同时向右转动180度，双手在胸前击掌，然后摆到两臂侧举的位置，注视左手。5～8拍的动作与1～4拍的动作相同。从三八拍开始，可以先用右腿进行侧踢动作。

6. 秧歌步组合（四八拍完成）

1～8拍左脚后，开始进行两轮的三进一退动作。在进行二八拍时，需要执行两次十字步，并且在第二次动作中向左旋转180度。三八拍的动作包括两次三进一跳步。四八拍与二八拍的动作是一样的。

7. 三步一跳组合（四八拍完成）

学习者要手拉手，形成一个圆形。在进行1～8拍动作时，首先向左，再向右，每个方向执行一次直膝踢腿的三步跳跃动作。二八拍的动作是先向前，再向后进行一次屈膝前抬的三步一跳。当向前移动时，双臂从下方向前伸展至上方；当向后移动时，双臂从下方向后方摆动。上半身根据动作的上下摆动进行配合。

在三八拍开始时，不需要牵手，首先向左执行三步一跳的动作，右腿弯曲膝盖并向右摆动，双臂在头部从右向左摆动，然后在跳跃时也向右摆动。再次向右移动一次，虽然动作相同，但方向相反。

在四八拍中，首先向前，再向后弯曲膝盖并向前抬起，形成三步一跳的动作。执行向前动作时，双臂需向后旋转一圈，直至左臂前下抬起，右臂则需后上抬；当向后移动时，双臂向后旋转大约一周半，直到右臂向前和向下抬起，左臂则向后和向上抬起。

8. 组合舞蹈《春天来了》(四八拍完成)

学生手牵手形成一个圆形，单数的学生站在逆时针方向的内圈上。进行1～8次的拍击，外圈开始拍手，内圈则从左脚起始，执行8次的跑跳步。双臂展开，从4个方向向下，经过前至上的动作，形成3个不同的姿势，然后上身从前俯逐渐抬起，这样的动作重复两次。

在进行二八拍时，确保内外圈相对，同时执行左腿的两次跳踢步动作，左手放在腰间，右臂则需向后抬起；再次切换到右腿进行两次动作，手臂动作相反。

在三八拍中，前四拍的动作是先从左到右做一个跳点步，然后轻轻晃手；在接下来的4个步骤中，进行秧歌的十字步转体180度，然后在内外圈位置互换后进行相对的动作。

进行一次四八拍踵趾步和快踏步的组合练习。

9. 组合舞蹈《毽子舞》(四八拍完成)

学生手牵手，形成一个圆形。在进行1～8拍动作时，前四拍左腿抬起并踢向右腿，形成一个前后踢步组合，后四拍则向右进行4次跑跳步动作。二八拍和一八拍的动作是一样的，都是向左方做跑跳步。进行二八拍与四八拍的组合练习，包括跳踢步和垫踏步。

（三）教学方法

我们需要关注每个动作之间的差异和联系，合理地规划教学流程，确保每个动作都能产生积极的效果，并且尽量减少外在的干扰。

基于单一的动作，适时地转向舞步的组合练习，这不仅可以提高练习标准，还能激发学生的练习热情。在进行单一动作的练习时，重点关注动作的基础形态教学，待学生完全掌握之后再根据实际需求进行动作形态教学，以激发学生的思考能力和培养其想象力。

当学生已经基本掌握动作技巧后，我们应该适时地为他们选择合适的音乐伴奏，让他们在欢乐的环境和悦耳的旋律中进行练习，从而激发他们的情感共鸣，提升他们的练习热情和动作的表现能力。在开始伴奏之前，首先要确保学生对音乐的节拍和旋律有深入的了解。

舞蹈教学应该与学校的课外活动紧密结合，为教师和学生创造一个广阔的学习环境，确保学生的表达、想象和创造力得到最大化的展现。这不仅可以丰富学校的文化生活，还能有效地加强、提升和扩大课堂教学成果。

二、翻转课堂教学模式在体育舞蹈教学中的实践应用

（一）翻转课堂的内涵

“翻转课堂”这一概念是从英文“Flipped Class Model”翻译过来的，也常被人们称作“反向课堂教学方法”。翻转课堂是一种创新的教学模式，其核心思想是教师在授课前将教学材料转化为简洁有力的视频并在网络上发布。学生可以在家中观看并学习这些视频，在掌握了基本的理论知识后进行在线测试。之后在课堂上，教师和学生共同合作，解决学习过程中可能遇到的问题，完成教学任务，从而激发学生

的学习兴趣和主动性。这一教学方法彻底改变了传统的课堂模式，即听教师的讲解，跟随教师进行技能学习，以及课后的领悟和练习，从而更有效地提升了学生的学习效率。

（二）体育舞蹈教学的特征

体育舞蹈是一种将体育、舞蹈和音乐完美结合的运动形式。它以音乐节奏为核心，通过身体动作和形态来展现，同时具有舞蹈的艺术魅力。在教学中，教师不仅要教授动作技巧，更要重视培养学生的音乐修养和舞蹈表现力。体育舞蹈的动作学习遵循运动技术发展的普遍规律，包括泛化、分化和自动化3个主要阶段。在教学实践中，教师通常会结合讲解和示范进行教学。在教学过程中，教师利用语言描述帮助学生在思维中建立对动作的模糊认知，从而深化他们对动作的理解。示范教学则要求教师以学生的具体动作为例，帮助他们构建动作形象，以便更有效地掌握技术动作。

（三）翻转课堂在体育舞蹈教学中的应用

1. 教学内容

传统的体育舞蹈教育方式强调课堂教学是一个知识和技能的传递过程，教师教授什么，学生就学习什么。现在许多学生仍然在学习教师规定的那些固定的舞蹈套路，没有进行创新或深入思考。翻转课堂在制作多媒体课件时，融合了国际比赛的视频，将音乐、图片和文字融为一体，使学生完全沉浸在视频制作的逼真场景中。在比赛中，舞者华丽的服饰和流畅的舞蹈动作会激发学生强烈的学习兴趣和探索欲望，翻转课堂教学模式选择了更具意义且能吸引学生兴趣的教学主题。此外，学生还有机会根据自己感兴趣的主题设计自己喜欢的展示组合。正如古人所言“授人以鱼，不如授人以渔”，翻转课堂教学方式为这一观点提供了有力的佐证。它不仅专注于技能的教授，更强调对学生学习技巧和舞蹈创作能力的培养。

2. 教学方法

翻转课堂强调的是一种将自主学习、信息化学习和合作探究式学习融合在一起的多元化学习模式。课前，学生可以依据教师提供的视频内容和他们提出的疑问，提前预习教学内容。这有助于学生更迅速、更有效地构建动作形象，从而缩短教学时长并提升教学效果。在学习的旅程中，学生可以自由组建小组，小组成员可以互相呈现他们的学习成果，进行讨论与合作，互相吸取经验，从而充分激发学生的主观能动性。课下，学生可以通过观看教学视频反复思考他们不理解的问题，甚至可以反复播放同一动作或高难度动作，这样可以加深他们的理解，同时还满足了每个学生不同的发展需求。

3. 评价方法

翻转课堂模式在激发学生的学习积极性和主动性方面发挥了关键作用。它不仅能够培养学生发现、分析和探索问题的能力，还在提高学生的社会适应性和团队合作学习能力方面发挥了重要作用。教师有机会通过在线的互动和讨论，深入了解学生的学习状况。在评估阶段，翻转课堂与传统教学仅以考试分数为评价标准的方法存在差异。除了对学生在课堂上的表现进行评价外，教师还会将小组展示录制下来，并且放置在视频播放区，学生可以发帖进行评价。多元化的评估方法有助于推动学生进行个性化学习。

（四）翻转课堂应用于体育舞蹈教学模式的构建

翻转课堂与传统体育舞蹈教学的主要区别在于，在课前预习的基础上尽可能地延长有效的上课时间，利用一个好的教学设计提高教学质量。

1. 课前模块设计

在课程开始前的准备阶段，教师需要准备2～3个实践课视频，包括恰恰移动步的教学视频、优秀运动员的比赛视频或教师实践课的录制视频，然后将制作好的视频上传到校园慕课平台，以供学生课前预习。制作视频时，应确保内容简洁有力，时间应控制在5～7分钟，重点突出，过长的制作时间可能会分散学生的注意力，导致学习效果不佳。在介绍这节课的重点和难点内容时，尽量使用易于理解的语言，并且在视频播放结束前，设置几个有针对性的小问题，激发学生的学习兴趣。在预习阶段，学生有机会向教师提出他们不理解的问题，教师则可以通过对这些问题的统计确定在教学过程中需要特别强调的方面，学生也有机会把问题带入课堂，与其他同学进行深入的讨论和探索。

2. 课堂活动模块设计

在课程开始之前，学生已经掌握了恰恰移动步的相关概念，教师可以投入大量的时间来组织课堂实践活动，这些活动是基于学生在课前提出的问题反馈而特别设计的，内容涵盖知识的检验、任务的分配、团队之间的合作、团队的展示及反馈与评估等几个关键领域。

（1）知识检测。教师可以向学生提出几个小问题，并且通过他们的回答评估课前预习的效果。对“恰恰移动步”这门新课程来说，学生仅通过教学视频就掌握教学中的难点和重点是相当困难的。为了解决这一问题，教师需要在课堂实践中进行详细讲解和示范，还需要引导学生之间进行深入的讨论和探究。在提出问题的过程中，应尽可能地通过选择性答案的形式展示给学生，促使他们做出选择。

（2）布置任务。学生在基本理解了教学内容和难点之后，可以根据教师布置的教学任务，全面掌握动作技能。这意味着在分配任务之前，教师需要对学生的学习状况有一个基础的认识，据此制定有针对性的学习任务。恰恰移动步是一种新的教学方法，学习的难度需要从简单到复杂，主要内容包括完成恰恰律动的练习、熟练掌握用主要的脚推动地板的练习，以及结合律动和主力脚的推动进行练习。

（3）小组协作。在团队合作的过程中，每位团队成员都有机会表达自己的看法和意见，通过相互交流和学习进一步完善和提升自己的知识储备。这有助于培养学生的团队协作精神和积极参与的态度，从而增强他们的社会适应能力。

（4）小组展示。小组展示作为一种关键的教育方法，允许学生以小组形式向教师和其他学生展示他们的学习成果，或者自行创作舞蹈动作进行展示。这种方式有效地打破了教师主导、学生被动学习的传统模式，激发了学生的学习兴趣和主动性。作为一种效率极高的学习策略，它协助学生进行“知识的交流、成果的分享、思维的碰撞及问题的解决”等，从而极大地提升了学生的学习成效。

（5）反馈与评价。在小组展示活动结束后，除了教师和学生的积极鼓励外，还需要进行适当的评估，以帮助学生更好地认识自身存在的问题和不足。评估方法有两种：教师根据学生在课堂上的表现和团队展示的成果进行的评估被称为教师评价；当教师使用手机或其他多媒体工具录制小组的展示，在学校的慕课平台上让学生发表评论时，这种方式被称为学生评价。结合多种评价方式更有助于推动学生进行个性化学习。

尽管翻转课堂被普遍认为是“对课堂教学产生重大影响的技术革新”，但在教学活动中，既不能完全依赖多媒体教学手段，也不能完全取代以教师讲解和示范为核心的传统教学模式。如果教师在教学过程中过度依赖多媒体教学，就可能导致动作技能教学时间的流失，从而无法提升动作技能，甚至可能产生相反的效果。在教学活动中，教师必须恰当且灵活地应用各种教学方法，这样才能确保翻转课堂与体育舞蹈教学真正实现有机结合。

第三节 武术教学与训练实践探究

武术是我国宝贵的文化遗产之一，是一项具有独特民族风格的体育项目。

一、武术教学任务

第一，让学生深入了解武术的独特性质，以及它在中华文明历史中的重要性，明确学习武术的初衷不仅是为了锻炼身体，更是为了传承和弘扬我国的宝贵传统文化。

第二，通过教授武术，旨在培养学生的柔韧性、敏捷性、速度、协调性和力量等多方面的身体素质，增强他们肌肉和韧带的伸展性和弹性，以及提升各个关节的灵活性和中枢神经系统、心血管等内脏器官的功能。

第三，让学生熟练掌握教材里的武术动作、基础动作和组合动作、拳法套路，以及在攻击和防御方面的动作。

第四，致力于培养学生展现勇敢、坚韧、机敏和果断的特质，以及充满活力、能够吃苦耐劳的精神，从而增强他们的民族自豪感。

第五，武术具有系统性、动作连续性及内外融合性，通过对动作和套路的深入记忆，以及对攻击和防御意义的全面理解，有助于提升学生的认知能力和独立思考能力，从而全面促进学生在德、智、体、美、劳各方面的发展。

二、武术教学的一般规律

（一）武术教学的3个阶段

武术教材是按照从简单到复杂、步步为营的教学原则来编排的，并且在整个教学过程中可被分为3个主要阶段：

第一，教授武术中的拳法，包括手型、手法、步型、步法等基础动作，还要教授武术操。这样可以提高学生的身体素质，使他们不仅学会动作，还能掌握动作规格。

第二，掌握组合动作与少年拳术，了解其套路的特性和运动技巧。

第三，除了巩固和提升少年拳的基础技能外，还需要熟练掌握单人和双人攻防动作，以便初步了解攻防技巧的本质和作用。如果在学习攻击和防御动作方面的条件尚未完全成熟，可以选择使用棍术或剑术作为教学手段，以便学生初步掌握各种器械和套路的运用方法。

（二）武术教学的顺序

武术教学的一个显著特点是采用套路作为运动方式，而这些套路是由多个基础动作组合而成的。一个完整的套路通常涵盖动作的方向、功架的构造、发力的特性、节奏的变化、意识的方向、手眼的配合等多个要素。为了帮助学生逐渐掌握动作和套路，可以按照以下教学步骤进行：

第一，明确动作的具体方向和路径。

第二，进一步确保动作和姿势的精确性和整齐性。

第三，确保学生能够完全掌握各种动作，并且对其进行标准化处理。

第四，让学生深入体验和理解武术的各种技巧，达到精神与形态的完美结合。

第五，通过频繁的练习和复习，可以更好地掌握各种套路，持续提升动作质量。

（三）讲解和示范的特征

在武术教学中，教师的讲解和示范对教学成败起着极其重要的作用。讲解和示范是思维与直观相结合的教学方法，是使学生建立正确的动作概念和掌握动作的基本方法。

1. 讲解的特征及内容

第一，在解释动作的标准和要求时，努力使其通俗易懂、简洁有力、形象明确，并且可以使用武术中的专业术语和口诀。

第二，解释动作的基础技巧，也就是具有普遍规律的基本方法，如进攻和防守的技巧和位置。

第三，从动作的先后顺序来看，每一个动作通常首先介绍下肢（步型），接着是上肢，最终是上下肢的协调和眼睛的指向。

第四，深入探讨动作中的核心部分，也就是其中的难点。

第五，解释动作在攻击和防御方面的意义。

第六，解释动作中容易出现的失误。

2. 示范的特征及方法

通过教师的示范，学生可以直观和感性地理解动作的形象和结构，从而得到正确的动作概貌。武术的教学示范具有自己的特点和独特的方式。首先，关于示范的具体位置，教师可以在横队等边三角形的顶部或左前方、右前方进行动作示范。其次，为了满足动作需求，教师可以选择正面、镜面、斜面、侧面或背面作为示范面。在教授套路的过程中，教师需要根据队伍的变化方向不断调整自己的位置，最佳的做法是保持在队伍前进方向的左前方。在领做时，最好先用背面示范，方便学生直接模仿动作。教师最初可以采用缓慢的示范方式，随后逐步提高示范速度。

（四）组织教法

第一，主要采用集体练习，辅以分组练习，需要最大限度地发挥教师的引领作用，激发学生的练习热情。

第二，重视武术骨干的培训和应用，确保他们能够充分展现“小教员”的潜能。当进行集体练习时，将他们放置在合适的地方，有助于展示各种不同的视角。在分组训练中，充分利用“兵教兵”，确保他们成为优秀的教师助理。

第三，在练习过程中，可以组织教学比赛、优选示范和讲评活动，激发学生的学习热情，促使他们更加熟练地掌握各种动作，从而提升教学质量，实现教与学的相互促进。

三、武术基本动作的常规教学与训练

在武术套路中，基础的技术动作占据了核心地位，主要涵盖手型、手法、步型、步法、腿法、身法、眼法及跳跃等。这些动作是武术独有的，在教学过程中会多次出现，并且带有特殊的艺术风格和实战价值。此外，这些动作技巧不仅在套路练习中可以观察到和应用，还是提高身体素质的有力途径。强化基础技术动作教学不仅能帮助学生更好地理解和掌握教材里的武术套路，保持武术动作的规范性和独特风格，同时还能实现有效的身体锻炼目标。

四、多元化教学模式在武术教学中的实践应用

多元化教学模式主要是一种强调学生主体性的教育方式，它从多个方面和视角出发将所有可用的教学资源和因素全面地融入教学过程。教学模式的多样性旨在激发学生的学习热情，致力于培养他们的发散

性思维，这主要体现在武术学习的个性化和武术课程的开放性等多个方面。

（一）多媒体教学模式在武术教学中的应用

在这个被称为“科学大爆炸”的时代背景下，为了更好地服务教学，合理地融合最新的科学技术已经不可避免。其中，多媒体技术在教学中的运用尤为突出。如今，这种技术也开始被广泛应用于武术教学中。受到传统教学模式根深蒂固的影响，很多教师依然倾向于采用讲解示范法作为教学手段。这种传统的教学方法对于帮助学生掌握基础套路动作具有显著的作用。然而，随着武术动作技巧难度的逐渐增加，教师需要在多次从多角度展示技术动作的同时，不断讲解动作的关键点，这不仅增加了教学难度，还加重了学生学习的压力。利用多媒体教学方法可以有效地应对这个问题。通过多媒体技术，结合视频和分解的动作图片，可以直观地展示技术动作，并且结合音乐、文字等可以进行全面的学习。这不仅可以减轻教师的教学负担，还有助于激发学生的学习热情。

1. 多媒体教学法对学生兴趣培养的作用分析

利用多媒体教学方法，学生可以通过图像、视频、文字等多种方式，直观地、生动地展示教学内容，从而使他们能够从多个角度直观地进行观察和学习。在学习套路时，可以加入音乐作为伴奏，这样可以为学生创造一个轻松愉快的学习环境，进而形成和谐的学习氛围。利用多媒体技术，学生能够更深入和细致地观察技术动作，不仅可以提高他们对动作的掌握程度，还能帮助他们保持长时间的记忆。这种方法在某种程度上也有助于减轻学生的学习压力，降低教师的教学难度，激发学生的学习兴趣。

2. 多媒体教学法运用中应注意的问题分析

我们必须清楚地认识到，多媒体教学法仅仅是教学中的一个辅助工具。作为武术教育者，我们应当精通多媒体教学课件的制作和操作技巧，能够在教学活动中准确且合理地应用这些工具。为了提高武术教学质量，教师需要细致地观察学生的学习进度，结合他们的反馈来灵活而准确地应用多媒体技术，这样可以将多媒体教学方式与传统教学方法更好地结合在一起。

（二）俱乐部教学模式在武术教学中的应用

通过实施俱乐部教学模式并建立武术俱乐部，我们可以在一定范围内吸引学生参与武术俱乐部的训练活动。这不仅可以提高学生的武术技能，还可以帮助他们养成良好的锻炼习惯，为他们终身参与体育锻炼奠定坚实的基础。另外，武术作为我国的传统体育项目，其教学过程中包含的道德教育是十分有价值的。通过俱乐部教学方式，鼓励更多的人参与这项运动，不仅有助于传承我国的传统体育文化，还能弘扬武德精神，对学生的意志品质产生积极影响。

（三）网络课程教学模式在武术教学中的应用

在过去的几年中，互联网经历了飞速的发展，已经深深影响了我们生活、学习和工作的各个领域。在武术教学过程中，我们应当充分利用网络资源、创新网络课程设计、采用网络教学方法来点燃学生的学习热情。与传统课程相比，网络课程最显著的不同之处在于其教学时间的灵活性。教师可以将教学视频上传到互联网，学生可以在闲暇时间选择观看和学习。在制作网络课程时，教师应当重视课程的趣味性和实用性，更有效地激发学生的学习热情和主动性。在进行网络课程教学评估时，学生可以自行制作学习套路视频，将其上传到教师的邮箱中，教师随后对学生的学习成果进行评估。这种与传统评估方法不同的方式不仅能激发学生的学习热情，还能增加评估的趣味性。

从上述内容可以看出，将多元化的教学方法应用于武术教学，不仅可以激发学生的学习热情，还可以丰富武术的教学内容，增加武术教学的趣味性。应用多样化的教学模式不仅可以有效地弥补传统武术教学中的不足，还有助于拓宽武术教学的覆盖面，并且能激发学生对武术训练的热情。在未来的武术教学中，我们应当巧妙地利用多媒体技术辅助教学活动，鼓励武术俱乐部的各种活动，并且引入武术在线课程，为武术教学创造一个既自主又灵活的环境，从而更有效地达到教学目的。

第七章　体育教学理念及发展探讨

体育教学观念的刷新和进步构成了体育教学事业向前发展和完善的关键和基础。目前，我国高等教育体育教学的深化改革和完善必须建立在科学的体育教学理念之上，这样才能从根本上准确把握先进体育教学的未来趋势和改革方向，从而真正推动我国高校体育教学向更加科学的方向发展。

第一节　体育教学的理念

一、“健康第一”教育理念

（一）“健康第一”教育理念概述

1.“健康第一”教育理念的基本内涵

20 世纪 50 年代，我国首次提出了“健康第一”的观念，目的是解决中华人民共和国成立后学生负担过重和健康状况逐渐恶化的问题。

20 世纪 90 年代，为了进一步推动我国的体育教学改革，“健康第一”的观念被重新强调并受到了广泛关注。这一时期的“健康第一”理念与 20 世纪 50 年代的“健康第一”有着本质的区别，它是我国素质教育改革背景下的一种教育需求，代表了一种具有创新性的教育观念。

“健康第一”的教育理念强调，在体育教学中，首要目标是促进学生的身心健康，其次才是提高学生的体育技能。在“学校教学忽视体育教学”和“体育教学以竞技体育为主要内容”的传统学校教育中，这是一种新的教育思想和观念的突破。

2.“健康第一”教育理念的依据

(1)“健康第一”教育理念符合世界发展潮流。1948年，世界卫生组织首次提出了健康与现代健康的新观念。此后，全球各地纷纷展开了健康教育活动。为了更好地适应全球健康发展的新方向，我国提出了“健康第一”的教育理念。1990年6月，教育部与卫生部依据法律规定，将健康教育整合到学校体育课程中，积极组织各类健身活动以促进学生健康成长。学校的体育教学焦点已经发生了深刻转变，不再仅仅关注技能的教授和学生体育技能的培养，而是转向促进学生的身心健康和提高他们的社会能力。

(2)“健康第一”教育理念适应当代社会发展需求。在目前的社会背景下，随着科技的持续发展、经济的飞速增长和生活节奏的不断加速，人们从事的体力工作逐渐减少；同时，由于科技的飞速进步，人们在家务上投入的时间也大大减少了。21世纪的人才是全方位发展的，社会的迅速发展和激烈的竞争要求现代人才不仅要有正确的政治思想、拥有扎实的科学知识和能力，还必须具有健壮的身体。如果想在这个激烈竞争的社会中保持不败，首先必须有一个健壮的身体。经验告诉我们，当学生热衷于参与体育和健身活动时，他们不仅可以增强身体素质、提高免疫力，还能促进心理和智力健康发展，这对他们的个人成长及国家和社会的持续进步都是非常有利的。

(3)“健康第一”教育理念的特点。“健康第一”的教育理念具有深厚的内涵，并且在体育教学实践中展现了独特之处。①强调对素质教育的重视。“健康第一”的教育理念强调学生的全面健康成长，明确表示学校教育的首要任务是推动学生的健康发展，而学生身体和心理健康比单纯的考试或升学更重要。②身体的健康构成了整体健康的根基。健康的身体是支撑人类全方位成长的基石，也是衡量人类进步的关键指标。健康的身体是所有教育活动的起点。教育机构应当优先考虑对学生身体健康的培养。③关于健康的全方位考虑。在“健康第一”的教育理念里，“健康”被视为一种涵盖多个维度的健康状态，是真正的健康，不仅仅局限于身体健康，还涵盖了心理健康、社会适应力、生殖健康及道德健康等。

（二）“健康第一”教育理念在我国高校体育教学中的实际应用

体育被视为一种身体的文化表现，而人们的生理和心理状态是其参与各种活动的核心组成部分。“健康第一”的核心思想是促进学生的全方位成长，代表了学校体育的进步的创新观念。“健康第一”的教育理念在当前社会对全面素质人才的需求及学生未来的健康、全面和可持续发展方面起到了至关重要的指导和支持作用，体育教学在促进学生健康方面的核心功能也得到了全面体现。

目前，在我国高等教育体系中，“健康第一”的体育教学观念得到了广泛应用。在这一教育理念的引领下，我国高校体育教学的各个方面都在不断发展和完善，充分体现了“健康第一”的教育内涵，并且在实际教学活动中得到有效执行。

1. 体育教学目标的明确

“健康第一”的教育理念为我国高等教育体育目标的多元化和多层次构建提供了新的指导方针。目前，“育人”被视为学校体育教学的核心目标。技术教育和体制教育不应仅仅被视为学校体育实践的中心，而应该从仅仅关注学生的外部技能转向追求学生的全面和协调发展。

在进行学校体育改革时，我国更多地强调了对学校体育目标的人文关怀。

为了科学地实施“健康第一”的教育理念，我国的高等教育体育教学应当注重对学生全面的健康知识和素质的培养和提升。体育、卫生教育和美育应当紧密结合，因为“人的全面发展”是建立在健康体魄之上的，而健康和长寿则是人类发展的基础之一。更具体地说，学校需要强化对学生的营养教育，确保学生掌握与营养和卫生保健相关的知识，并且建立一个完整的教育体系，结合学生的成长和日常生活进行健康教育，帮助他们学习自我保护并预防疾病。除此之外，我们还需要将学生的青春期教育和心理健康教育视为健康教育的核心部分，并且在体育活动中融入美育元素，激发学生对体育的热情，提升他们的运动表现。

2. 体育课程体系的调整

在当前的体育教学改革中，课程体系的改革被视为一个至关重要的环节。通过改革课程结构，我们不仅可以让教学内容变得更为丰富和多元，还能有效地满足学生和社会发展的各种需求。

在“健康第一”的教育理念的推动下，传统的体育教学面临着课时不足、课程内容设计不合适及课程结构不完善等问题，但这些问题都得到了显著改善。在制定体育教学课程的过程中，学校开始重视学生在身体和心理方面的成长需求，逐步将学生置于核心位置。在设计教学内容和课程体系时，学校更加重视学生的个性和性别差异，并且开始根据学生的身体素质水平提供多样化、可选择的体育教学内容。这些体育教学内容在促进学生身心健康发展方面的作用越来越显著。

3. 体育教学方法的优化

体育教学方法是推动体育教学顺利进行的关键因素。在“健康第一”的思想影响下，通过多种形式的改革，体育教学方法变得越来越丰富和多样化，对培养学生的健康意识和健康行为发挥了重要作用。

当下，优化体育教学方法已成为“健康第一”教育理念的核心要求。这要求我们在体育教学中科学地运用体育教学方法，以激发学生参与体育运动的热情和主动性。这样，学生才能从内心深处认识到体育对健康的积极影响，并且在体育教学中实现全方位、健康成长。

4. 教学评价体系的完善

在“健康第一”理念的驱动下，在评估体育教学时，应将学生的身心健康作为主要评价准则。目前，新的体育教学评估体系不仅对学生进行全方位评估，还重视对教师的教学过程的评价。在对学生进行全方位评估的过程中，一方面，教育者开始注重对教学成果的量化分析，结合定性和定量的评价方法，增强了体育教学评价的科学性，并且对学生了解自己的不足和增强学习动力产生了积极的推动作用。另一方面，教师对学生的评估内容变得越来越多样化，他们更加关心学生在各个方面的成长和发展。评估的内容不再仅仅局限于学生对技术和技能的掌握程度，还更多地关注学生的创新能力、学习态度和意志品质等，以确保学生的全面健康和成长。

二、“以人为本”教育理念

（一）“以人为本”教育理念概述

1. “以人为本”教育理念的内涵

在我国的现代体育教学中，“以人为本”被视为核心的教育理念和指导方针，特别强调了在教育过程中“人”的全面发展。“以人为本”的教育理念强调，教育的起点、核心和最终目标都是“人”，教育是建立在“人”的基础上的，教育的终极目标是促进“人”的全面发展。

2. “以人为本”教育理念的核心

（1）确定人在社会中的关键角色和影响。我们应当充分认识到自身的内在价值，信赖自身的潜力和智慧，并且追求身体健康和身心和谐统一。

（2）确认学生在体育教学中的核心地位和作用，并且对他们的人格和权益给予充分的尊重和保护。

（3）尊重个体之间的差异。在体育教学实践中，我们应当深入理解并尊重学生的个体差异，根据每个学生的特点进行教学，注重他们的个性化成长。

（4）鼓励学生充分展现他们的主观能动性，确保每个学生都能积极地掌握体育知识和技巧。

（5）确保每个学生都能获得实际的学习成果，并且将所学应用于实践中。

3. “以人为本”的教育理念在教学中的具体要求

（1）“以人为本”的教育理念强调所有教育活动都应遵循“以人为本”的基本准则，这被视为现代教育进步的核心要求。教育在本质上也涉及人们的自我实践、自我认知和自我确认。

（2）“以人为本”的教育理念强调在教育实践中要高度重视个体自由、幸福、和谐的全面发展及最终价值的实现。在体育教学中，我们应当给予学生的个性成长足够的关注，让他们在体育实践中展现自己的独特之处和自由表达能力。体育教学不仅应该为学生带来身心的愉悦，还应该让学生的人性通过体育活动得到最自然的表达，让学生在学习体育的过程中能够自由地释放和表达自己的情感。通过体育教学，我们可以促进学生在身体、心理、个性和品质上的全面发展，帮助他们成为更加完整和卓越的个体。

（3）“以人为本”的教育理念强调体育教学需要打破传统的机械化教育模式，真正实现以人为中心的教育方式。在教育过程中，学生首先应被视为一个“人”，应当享有人权，这构成了教育的初始阶段。在现代体育教学中，我们应当强调基于社会需求加强对全方位发展的新一代人才的培养。在体育教学的全过程中，我们必须给予学生的人性、人权和价值观足够的尊重和重视。

（4）“人本主义”的教育理念强调体育教学应当展现对人的关怀。作为体育教学的目标群体，学生具有理性和情感，他们的思考方向是由情感决定的，而这种思考的最终结果则是由理性决定的。在体育教学过程中，只有当情感触动学生的内心时，我们才能用逻辑说服他们。不论选择哪种前沿的教学策略和工具，面对面的教学方式都应受到足够的重视，无论我们使用多么先进的现代媒体工具，人与人之间的直接互动和沟通始终是无法被取代的，人文关怀的深远影响始终是不可轻视的。因此，在体育教学中，我们必须融入人文关怀，始终将学生放在核心位置，把学生的需求放在首位，确保教学的主体性。

（二）“以人为本”教育理念在我国高校体育教学中的实际应用

21世纪，将“人本主义”的核心发展观念整合到体育教学中，已经成为学校体育教学的基础和关键要素。目前，“以人为本”的教育理念在我国高等教育体育教学中得到了科学应用，具体表现在以下几个关键领域：

1. 体育教学目标的进一步明确

“人本主义”教育理念强调在体育教学过程中社会中心目标与学生中心目标的融合。

（1）从社会的角度出发，体育教学的核心价值应被视为社会价值，这是为了更好地满足社会进步的需求。

（2）以学生为中心的教育理念强调在体育教学中应以学生为中心，深入理解学生的个体需求，并且从学生的兴趣和需求出发组织教学活动，确保学生能够自由且全面地成长。

“人本主义”的教育理念强调将以社会为中心的目标与以学生为中心的目标进行有机的融合。更明确地说，在体育教学过程中，不仅要重视社会的价值需求，还需着重激发学生的学习热情和兴趣，从而帮助他们形成健康的体育观念和习惯；不仅需要高度重视学生在学习过程中应当实现的短期目标，同时还应对终身锻炼这一长期目标进行深思熟虑。当我们深入地融合这两个核心目标时，体育教学目标才能得到真正实践，学生的长期发展与短期发展才能得到有机融合，并且进一步推动学生与社会之间的和谐与持续进步。

2. 体育课程内容的进一步丰富

在“人本主义”教育理念的引领下，现代体育教学越来越注重提升学生在体育学习和参与方面的兴趣，同时也越来越注重与学生日常生活的紧密结合，以及对学生多样化体育发展需求的关注。在体育教学的实际操作中，体育课程内容的选择变得越来越多样化。教师在参考传统体育教学大纲中规定的技能教学的同时，还高度重视引入对学生体育兴趣进行全面培养和对学生人格发展有正面影响的教学内容。

更具体地说，随着教学内容的持续丰富和完善，我们可以观察到那些既具有娱乐性又富有趣味性的体育教学内容增加了，而且教学内容有了创新点，有助于激发学生的创新思维；那些与社会和日常生活紧密相连、能够培养学生终身体育技能的体育教学内容增加了，还有增加了一些更具有普及性的体育健身教学资源。

3. 体育教学形式的进一步多样化

“以人为本”的教育理念强调体育教学应以学生为中心。鉴于学生之间的实际差异，为了确保每个学生的成长和发展都能得到关注和促进，我们必须采用多种体育教学方法来满足他们的学习需求。这样，每个学生都可以在情感和行动上愿意参与体育学习。为了实现这一教学目标和效果，教师需要在体育教学中采用多种灵活的教学方式，如群体训练、小组合作和个人自觉练习等，以组织教学。这样可以使体育教学更加灵活、有趣，使学生不会认为体育学习是一件困难的事情。同时，学生还可以在体育参与过程中充分展示自我，充分激发他们的学习和参与的积极性、主动性，从而真正促进学生进步和提高。

4. 师生关系的进一步和谐化

“以人为本”的理念强调学生在体育教学活动中的核心地位，体育教学的根本出发点应当是对学生生命的关心和爱护。在进行体育教学时，教师应当重视建立和维护良好的师生关系，确保教学过程能够顺利进行。首先，教师应当尊重学生的人格尊严和他们的权利，尊重学生的独立性和个性。其次，教师需要正视学生之间的差异，并且在体育教学过程中确保对所有学生的体育学习都给予足够的关注，不能因为失去对学生的信任而对他们漠不关心。最后，教师应当善于激励学生。教育中的鼓励如同润滑剂，有助于创造一个民主、和谐的教学环境，有助于建立和谐的师生关系。在进行体育课堂教学活动时，教师应当善于运用激励性的言语激发学生的积极性，并且给予他们安慰。教育的目标是让学生在一个轻松和自由的环境中与教师和同学进行积极的沟通和交流，这样不仅可以获得丰富的体育知识，还能体验成功，并且在此过程中更加主动地与教师合作完成学习任务。

5. 体育教学评价的进一步完善

“人本主义”的体育教学理念在体育教学评估中强调应更多地关注学生作为教学目标的成长，而不仅仅是体育教学任务的完成情况。

在当代体育教学评估中，我们应该重视学生作为“人”的成长和发展。因为每个学生都有其独特的学习能力，所以高能力的学生可以轻松地获得高分，相对能力较弱的学生即使付出巨大的努力，也很难获得想要的成绩。因此，在进行体育教学评价时，我们应该采取全方位的方法，坚持“以人为中心”的原则，并且对学生的全面成长给予足够的关注。教育的目标是通过这样的评价深入了解学生对体育学科的看法、参与体育锻炼的实际情况，以及他们对体育技能的掌握和应用情况。评价的内容应该涵盖学生的日常表现、个人素质、技术技能的应用等多个方面。为了鼓励每个学生取得进步和成长，教师需要根据学生的不同特点选择合适的评价方式。

三、“终身体育”教育理念

（一）“终身体育”教育理念概述

1.“终身体育”教育理念的内涵

终身体育是指在一个人的整个生命周期中都需要进行身体锻炼，并且接受体育教学和指导。终身体育强调在个体生命的各个阶段进行体育锻炼。也就是说，体育健身是贯穿整个生命过程的。

“终身教育”这一理念是社会进步到某一特定阶段后的自然结果和社会现象。随着社会的进步，知识的更新速度日益加快，意味着人们在学习知识时需要持续地进行内容更新。在这样的社会背景下，终身学习理念应运而生。“终身教育”这一理念的诞生也是与社会进步紧密相关的，并且是多种因素共同作用的产物。它的形成既受到外部社会客观因素的影响，还受到教育内部某些主观因素的作用。外界因素对“终身教育”提出了明确的要求，而内部因素则为“终身教育”的形成提供了坚实的理论基础。只有将这两方面结合起来，我们才能真正实现“终身教育”理念。

“终身体育”被视为“终身教育”的核心组成部分，涵盖了两个主要领域。首先，个体正确地理解和认识终身体育锻炼的重要性后，就会产生强烈的锻炼意识。这种意识能够激发个体主动参与体育锻炼的意愿，进而促使他们形成终身体育观念。只有在确立了一定的意识之后，个体才能形成内在的锻炼动机，并且逐渐培养良好的体育习惯。其次，每个人的生命旅程都会有特定的时期和阶段，无论处于哪个阶段，都应当持续地进行身体锻炼，并且培养持续进行体育锻炼的好习惯，因为培养健康的体育习惯是个体健康成长的核心动力。

2.“终身体育”教育理念的特征

（1）体育锻炼时间的终身性。“终身体育”代表了一种前沿的教育观念。它打破了传统学校体育教学中对学习和技能掌握的过度重视，还打破了传统体育教学中将学生的体育教学时间限制在学校学习阶段的局限。“终身体育”的核心思想是关心每个人从出生到成长、从健康到养生的整个过程，强调参与体育活动可以让人受益一生。

（2）“终身体育”锻炼群体的全民性。“终身体育”教育观念是一种面向全人类的教育理念，不仅适用于学校里的学生，还适用于社会大众。学生即使从学校毕业步入社会，仍然应当高度重视体育锻炼。体育锻炼是伴随一个人整个生命历程的，而“终身体育”理念应贯穿始终。在现代社会中，生存和发展已经成了主导趋势。为了生存，人们必须掌握学习、锻炼和健康保健技能。为了更好地生活，人们需要将体育与日常生活紧密结合，积极参与体育锻炼，以促进身心健康。“终身体育”涵盖了社会各个层面，包括儿童、青少年、成年人和老年人在内的所有人群，还涵盖学校体育、家庭体育及社会体育等多个方面。因此，在“终身体育”的议题上，每一个社会成员都应该给予足够的重视和积极的参与。

（3）“终身体育”锻炼目的的实效性。“终身体育”的核心理念是通过参与体育活动推动个人健康和全方位的成长。因此，“终身体育”的锻炼内容、方法和方式都应与个人的日常生活、学习和工作紧密相连。

“终身体育”的核心目标是满足个人成长和社会进步的需求。为了提升个人的生活水平，人们会根据自己的实际情况选择最适合自己的体育活动方式，确保这些方式既有针对性，又有实际效果，这对一个人的成长和发展都是非常有益的。

3. “终身体育”与学校体育的关系

（1）“终身体育”与学校体育的相同点。我们共同追求的体育目标是培养人才。一个健康的身体不仅是工作、学习和生活的根本保证，还是人们参与社会现代化进程的基础条件。终身体育活动成功地将身体锻炼、职业和日常生活融为一体，倡导人们应终身持续地进行体育锻炼。学校体育教学的核心目标是培养德、智、体各方面均衡发展的人才，从而推动学生在身体、心理、智力和社会适应性方面的全方位成长。

共享的体育活动方式是坚持锻炼身体。终身体育主张每个人都应培养持续参与体育活动的好习惯，并且在生命的各个时期都积极地投身于体育锻炼中。体育教学主要依赖于学生的身体锻炼，目的是通过参与各种体育活动促进学生在体能、技能、心理和智力方面的全面发展。

共享的体育使命是获取知识与技能，提升运动表现。掌握体育相关的知识和技巧是学生参与体育活动的基石，同时也是学校体育教学的主要目标和职责。学校体育教学被视为终身体育教学的关键阶段，没有这一阶段的体育教学，终身体育是不可能持续发展的。因此，学校体育教学应该与终身体育教学紧密结合。

（2）终身体育与学校体育的区别。体育活动的参与时间是有差异的，终身体育是伴随一个人的整个生命周期的，而学校体育仅仅承担学生在学校的体育教学职责。体育教学的目标群体是多样的，终身体育主要针对全社会的每一个成员，而学校体育则是针对在校学生进行教学。

终身体育的构建和发展与学校体育教学的进步之间存在着非常紧密的联系。终身体育对个体产生影响，由学校体育、社区体育和家庭体育这几个相互关联和影响的领域组成。因此，学校、家庭和社区都应该积极组织体育活动，为每个人提供更多的体育参与机会。终身体育是伴随一个人一生的活动，对整个社会来说，它代表了全民的体育需求，而将终身体育与学校体育完美结合则是终身体育追求的终极目标。

（二）“终身体育”教育理念在我国高校体育教学中的实际应用

“终身体育”这一教育观念的确立能够有力地推动我国体育事业的进步。确立终身体育观念不仅是我国高等教育体育教学目标改革的核心导向，还构成了我国高等教育体育教学发展的基础。终身体育成功与否，很大程度上依赖于这一观念的确立及个体能力的塑造。

1．学生“终身体育”思想的培养

当人们投身于体育活动并持续进行长时间的体育锻炼时，他们首先需要对“终身体育”教育观念有深入的了解，这样才能确立并培养“终身体育”教育思想。

在当前社会发展的大背景下，我们可以观察到现代社会的生活节奏日益加快，竞争也变得更为激烈，使每个人都不得不面对来自多方面的压力和挑战。一个人要想很好地生活和发展，首先需要有一个健康的身体。如果一个人的身体状况不是很好，那么他在学习、生活和工作中可能会遇到很多困难。即使能够勉为其难地应对这些问题，他也可能享受不到高品质的生活。

持续的体育锻炼有助于提高个人的适应力和应对压力的能力。只有深刻理解这个事实时，人们才会自发地参与体育活动。这种对体育的科学理解和对体育的情感认同塑造了他们的体育行为。

在体育教学过程中，对学生而言，若想确立终身体育理念，教师有责任引导学生科学地认识和理解体育的重要性，树立正确的体育学习态度，积极掌握体育锻炼的各种技巧，并且掌握评估体育锻炼效果的方法，从而培养他们的终身体育能力，为终身体育锻炼打下坚实的基础。

2. “终身体育”教学内容的设置

在大学的体育教学过程中，我们不应仅仅关注学生的某一特定运动技巧和熟练度，还应注重培养他们自我评估身体锻炼能力和运动实践技巧，强化对学生终身体育观念和运动技能的培养，并且以此为中心对体育课程进行全面和多功能的拓展。更明确地说，这是对学校体育课堂教育的进一步扩展和深化，推动学校体育向终身体育的方向发展。在制定体育课程目标时，教师需要对学生的体能、身体状况，以及他们对体育相关知识和技巧的掌握程度进行客观评价。在开始实施目标导向教学之前，教师需要深入了解和分析学生的当前状况，并且以终身体育课程教学目标为基础组织体育教学活动。从另一个角度看，当选择体育课程内容时，教师应该高度重视引入休闲和时尚体育项目，开发能够激发学生体育热情、潜力和创造力的新项目，如健美操、瑜伽、体育舞蹈、网球和跆拳道等，目的是让学生在一个多样化的环境中掌握体育技巧，从而有效地提升他们的实际运动能力。

3. “终身体育”教学方法的运用

在当代体育教学实践中，真正实现“终身体育”的核心是持续地激发和提升学生对体育的学习兴趣。因此，在体育教学过程中，教师需要运用科学、高效且富有创意的教学手段进行教学活动。在教学活动中，我们强调使用多种教学方法，确保每一堂课都能获得满意的教学效果。根据不同年龄段学生的实际情况，教师可以有针对性地选择合适的教学策略，不仅能活跃课堂氛围，还能在愉快的氛围中激发学生对体育的兴趣，同时还能有效地消除教学过程中可能遇到的障碍，让学生在体育活动中体验乐趣、建立自信、增强体育意识，全方位地提升学生的认知和技能水平，从而让学生获得积极的情感体验，鼓励他们主动参与体育锻炼。

4. 学生需求与社会需求的统一

“终身体育”教育观念被视为体育教学的核心指导原则，它对最大化体育教学潜能、推动学生身心全面成长、增强他们的社会适应性，以及满足现代社会对人才培养的期望，都发挥了重要作用。社会劳动力是由各个年龄段的人组成的，为了更好地适应现代社会的发展需求，需要保持身体的最佳状态。因此，在不同的人生阶段，人们应该选择不同的锻炼方式和内容。无论身处哪个年龄阶段或从事何种职业，我们都需要做出明智的选择，确保精力更旺盛、身体更健壮，从而更好地适应现代社会和满足未来生活需求。这种与人生同步发展的体育活动就是终身体育。

学校是为社会培养所需人才的关键场所，而所有类型的人才都必须首先具备一个健康的身体。因此，高等教育机构的体育教学应当注重将国家需求、社会需求和学生个体需求有机地结合在一起，将体育带来的健身益处与其人文意义紧密融合，通过将体育知识和技能与终身体育教学紧密结合，可以全方位地提升大学生的体育素养，进一步增强他们的终身体育技能，以满足社会对人才在体质和体能上的要求。

需要特别强调的一点是，学生的终身体育发展为社会对人才的需求奠定了基础。但是，学校体育教学是多方面的，不能仅仅服务于社会需求，还应该充分考虑“以人为本”和“健康第一”的原则。另外，“终身体育”教育是建立在“学会认知、学会做事、学会共同生活和学会生存”这四大支柱之上的，它的实施不是单一的教育环境可以实现的，需要整体参与，所以必须加强各个教育部门之间的紧密联系，确保终身体育真正得到落实和实施。

第二节　体育教学理念的改革与创新

一、现代体育教学理念改革发展的突破点

（一）正视多元体育教学理念的存在与发展

随着人类社会的不断进步和认知的深化，各种新的理念和观点层出不穷，特别是在教育领域，包括体育在内，教育的理念和观点也在持续发展。在体育教学的演变中，各种体育教学观念既存在共通之处，也有冲突和对立面。正是由于这些争议和矛盾的存在，体育教学理念才得以持续地发展和突破，从而变得更加充满活力。

当前阶段，我国体育教学理念的改革和创新应当基于广泛吸纳多种体育教学观念，并且进一步强调具有实际应用价值的思想理念的核心地位。这将有助于推动这些理念的持续发展，从而不断完善和丰富适应我国高等教育实际情况的体育教学理念体系。

（二）结合体育教学理念的特点、规律和趋势推动其改革与发展

通常，当教育领域出现某种现象或问题时，相关学者就会对其进行深入的研究和关注，并且基于此提出他们的观点和看法。这些观点和看法最终会形成新的思维模式。从这种思维的发展趋势来看，体育教学理念似乎存在某种程度的滞后。因此，我们需要对社会的未来需求进行及时预测，并且尽快改进高等教育中的体育教学和教育观念。

当前时期，我国的经济增长势头强劲，民众的生活水平也在持续提升，导致更高级别需求增长。随着社会持续地向前发展和进步，人才的重要性逐渐上升，所以教育领域对人的关心和重视变得不可避免。

随着我国高等教育体育教学改革的不断深化，越来越多的人开始意识到教育的真正意义不仅在于教育成果和知识的传递，人们不再只关心社会和集体，还开始将焦点转向“人”的全面发展。因此，我们应该倡导一种能够服务于人的全面发展的有价值的教育观念，并且关注社会上每一个个体的发展。

当前阶段，我国教育改革的关键方向之一便是在人性化教育、人本化教育及教育的意义和价值方面进行全面改革。“人本”理念着重于人的全方位成长和自我完善，对学生的个人体验给予了非常高的关注。体育活动是一个培养学生社交能力的过程。在这个过程中，人不仅是教育的起点，还是教育的终点。如果教育忽视了对个体社交能力的培养，就会丧失其固有的价值和核心特质。

（三）根据体育教学理念的发展影响因素促进其改革与发展

在不同的历史阶段，体育教学理念会呈现各自的特质，这与人们的认知能力和社会客观发展环境密切相关。更准确地讲，理念是在特定的历史背景下形成的，各种不同的历史元素都会对其形成和演变产生作用。

体育的进步是受到多种因素驱动的，基于体育文化现象的体育观念同样受到这些因素的影响。体育文化与社会经济进步之间存在着紧密的联系，并且受到社会经济发展的深刻影响。在经济较为落后的国家，运动员往往只能在较为简陋的环境中接受训练，其训练成果是无法与经济较发达国家的运动员相媲美的。科学与技术的进步对体育领域的发展产生了非常重要的影响。现代体育，特别是竞技体育的进步，已经逐步转变为一场“科技之战”。在体育运动发展历程中，每一个世界纪录的出现都融合了大量的科技成分。

在众多因素对体育产生深远影响的大环境中，我们必须确保体育教学观念不受这些因素的负面冲击，并且充分挖掘这些因素中的优势，促进体育教学观念持续进步。体育教学观念的进步可能会受到各种社会因素的影响，所以我们需要持续地研究和分析新的社会需求，基于这些需求优化教学理念，为社会的持续健康发展提供方向。例如，可以通过政策手段发布一些具有实质意义的体育教学法规，以实现体育教学理念的全面贯彻和实施。

除了前面提到的几个关键因素，体育教学理念的进步还受到理论发展的深刻影响。为了应对这一挑战，我们必须持续深化体育学科理论研究，使其更为丰富和完整，进而促进体育教学理念持续发展。同时，我们还应重视相关学科和国外体育理论的发展，将有益的思想积极融入高校体育教学中，以持续推动我国体育教学理念和教育事业的进步。

二、现代体育教学理念改革发展的方向

（一）层次性和延续性方向

在新的时代背景下，各式各样的体育教学理念和体育教学思维层

出不穷。这些教育和教学理念在不同层面上为体育教学的进步提供了动力，为体育教学改革指明了方向，从而加速了体育教学改革进程，并且有助于提升体育教学整体质量。

在体育教学实践中，教学对象应被视为体育教学发展和改革的核心。不同年龄段的学生在多个方面都存在明显的差异，所以从教学指导思想在实际教学中的应用来看，体育教学理念在学生各个年龄段的教学重点上呈现了相似性，而教材的选择、教学方法的应用和组织安排则不完全符合学生身心特点和地域特点。这些在一定程度上限制了高等教育体育教学改革的发展。

在新的时代背景下，体育教学改革应更加注重学生的长远和可持续发展。在教育观念上，我们需要强调教育的分层和各个阶段的连续性。通过科学地组织和实施体育教学，并且结合不同年龄段学生的特性，我们可以构建具有明确层次的体育教学指导思想。这有助于科学地确定教学改革目标和方向，进一步控制和优化教学改革进程，从而不断提升高等教育体育教学效果。

（二）人文教育和科学发展观方向

随着素质教育改革的深入推进，我国的高等教育体育教学观念已从单一的“生物体育观”转变为“三维体育观”，这一转变涵盖了生物、心理和社会等多个方面。因此，体育在健身、竞技、娱乐、文化和社会等多个领域的功能得到了进一步拓宽，推动了我国体育教学在教授“三基”和增强学生体质的基础上向多元化的目标和功能方向发展。

基于对休闲体育、快乐体育和终身体育思想的深入学习和吸纳，我国的体育教学观念已经取得了更大的进步。2008 年奥运会成功举办之后，人文奥运理念已经深深植根于人们的心中。奥林匹克运动在某种程度上对我国的学校体育发展产生了积极且深远的影响。未来，学校体育将更加注重以学生为中心的教育理念，更加关心学生的需求和全方位的成长，以“人文体育观”为核心的教育理念在体育教学中将会展现更大的价值。

现代体育教学的进步离不开对人的关心，其中一个关键因素是注重人的全方位和可持续的发展。在新的时代背景下，大学体育教学的核心理念应该集中于“强调学生的全面素质教育”和“培养高质量的人才并推动他们科学成长”这两大领域。在当前学校体育教学改革的大背景下，体育教学需要从传统的“知识型”人才培养模式转变为“创新型”人才培养模式。这需要建立全面的教育观念和意识，特别是重视提升学生的综合素质和能力，以实现素质教育的最终目标。从另一个角度来看，我们应该持续地强调教育在培养人才中的重要作用，并且通过体育教学推动人才科学和可持续发展。我们的目标是确保学生在学校期间能够接受正确的教育，培养他们锻炼身体的能力，使他们对体育活动对人体的短期和长期影响有深入的了解。在教育观念上，我们希望学生将参与体育活动视为一种自觉的行为，并且将其视为培养人才基本素质的重要模式。

（三）教育理念的综合化方向

21 世纪初，我国的学校教育呈现飞速发展的势头。高等教育机构的体育教学也需要与时俱进，更新教育理念，采用科学、合理和人性化的教学方法推动体育教学的进步，确保学生在健康为先的理念下实现身心健康发展。

目前，素质教育被视为一种正在发展的创新教育理念，它蕴含着深厚的意义。目前，我国的素质教育仍然处在不断的探索和发展中，人们正尝试通过各种方式和不同的教育观念指导体育教学，为体育素质教育带来新的发展。

随着素质教育的持续发展，我们迫切需要从其他相关的理论中吸取“合理内核”，以进一步丰富和完善素质教育的理论框架。体育教学是教育体系中不可或缺的一部分，致力于为人们提供全面的教育服务。因此，在学校体育教学活动中，我们应当顺应素质教育的发展趋势，确立将“终身体育”与素质教育相融合的教学理念。在体育教学过程中，“健康第一”和“终身体育”的指导作用应始终被视为最重要的，这两种教育观念的重要性和价值不应被轻易削弱。只有深刻理解了这一点，我们才能进一步推进素质教育改革。简而言之，素质教育与“健康第一”“终身体育”是分不开的，前者构成了后者的成长基石，后者则是其进一步发展的必要条件。

三、现代体育教学理念的科学创新策略

思维方式对一个人的行为能够产生深远的影响。想让传统体育在学校体育教学中获得基础性提升，就必须改变其教育观念和教学方法。经验告诉我们，当我们在思维和观念上进行创新时，才能有效地推进传统体育教学革新，消除妨碍体育发展的所有障碍。随着我国素质教育的不断深化和创新，对我国高等教育体育教学的理性思考变得尤为重要，这不仅是学生及时掌握运动技巧和技能的关键，还是培养学生积极的人生观和价值观的重要手段。当前阶段，为了科学地创新体育教学理念，我们应该从以下几个关键领域开始努力：

（一）更新传统体育教学理念

我国的体育教学拥有深厚的历史背景，在其漫长的发展历程中，教育观念经历了多次变革和进步，在各个阶段都为体育教学的进步做出了显著贡献。在传统体育教学的演进和革新中，生物体育观点成了

基石。在新的历史背景下，受到人文体育观念的深刻影响，我国的教学改革中涌现了“学习领域目标”和“课程目标”这样的创新理念。在教学活动中，我们对教学目标进行多维度的划分，确立了包括“身体健康”“运动技能”“心理健康”和“社会适应”在内的多维度健康教育目标。

伴随着我国体育教学的持续进步，在经济转型和改革开放的背景下，素质教育逐渐成了重要议题。在进行大学管理和教学活动时，人文关怀精神无处不在。在教学活动中融入其他必要的教学目标，使教学氛围更为生动有趣，进而增强学生对体育学习和参与的热情。

在新的时代背景下，我们应该更新体育教学观念，从终身体育的角度出发，对体育教学的理解从基础层面提升到更高层次、从封闭的思维方式转向开放的态度、从单一的观念转向多元的视角，并且从局部扩展到整体。在创新教育观念的引领下，我们应当高度重视教育观念的创新性和与时俱进的特点，从提升创新能力、塑造创新个性和培养创新型人才的角度出发，对体育教学的内在规律和特性进行深入理解和评估，使体育教学理念和思维方式更加系统化、更具指导性、与时俱进和富有创新性。

（二）融合多元体育教学理念

在体育教学演进过程中，众多的体育教学和教育观念相继被提及，但这些观念并不都是前沿的，某些教育观念仅在特定的历史背景下对体育教学产生了显著的促进作用。在全球化的大背景下，各类思想和文化正在经历持续的进化和整合，这也反映在教育思想上。随着我国改革开放政策的进一步推进，我国的学校体育教学思想也展现了多样化的发展趋势。

随着社会和时代的不断变迁，各种教育观念对体育教学的引导也会呈现不同的效果。因此，我们应该对此进行科学的分析、批判性继承和发展。

观察国外教育观念的演变，以科学主义和人本主义教育思想的发展为例，我们可以看到科学主义教育思想在推动经济和社会进步方面起到了不可或缺的作用，这与社会发展的主流趋势是一致的。随着人们对教育价值多样性的深入理解，人本主义教育思想开始与科学主义教育思想相互融合，现代人本主义教育思想已经确立，并且专注于学生的全面健康发展。因此，在新时代高等教育体育教学的改革和发展中，对人本主义教育思想进行深入思考和科学的教育实践指导是非常必要的。

观察国内外的教育观念差异，由于受到多种因素的影响，我国与国外在体育教学思想上存在明显的不同。因此，对比并整合中外体育教学思想，并且明确它们之间的区别，显得尤为重要。经过比较分析，我们需要在吸纳外国体育教学思想优点的同时，也要摒除其中的不良成分；在总结我国体育教学优秀思想的同时，也要摒弃与时代脱节的内容。此外，我们还需要深入比较中外文化背景和体育教学思想的共性和差异，从中寻找共同点和功能。通过这种方式，我们可以更好地整合中外体育教学思想，进一步完善我国的体育教学理念，推动我国高等教育体育教学持续进步。

（三）体育知识（技能）教育与文化（人文）教育的整合

体育知识（技能）教育可以被定义为以体育知识（技能）为核心或中心的教育方式，体育文化（人文）教育是一种内容和层次都非常丰富的体育教学形式。

现代体育教学的核心理念强调学生的全方位、科学化和可持续成长，同时还注重高等教育体育教学的整体、科学和可持续发展。在的大学体育教学活动中，我们不仅要教授学生与体育相关的知识和技巧，更要深入传递体育文化的核心价值。这样，学生在学习和参与体育活动时，能够对体育及其文化产生深厚的认同感，从而增强他们对体育和体育文化的自我认知和自信，使体育成为其日常生活的一部分，形成一种“新常态”，并且进一步实践“终身体育”的理念。

参考文献

[1] 邱建华. 体育与健康教学研究［M］. 南昌：江西科学技术出版社，2019.

[2] 王燕. 多学科理论下学校体育课程体系的建设与发展研究［M］. 北京：中国书籍出版社，2019.

[3] 李志伟，冯强明. 现代高校体育与健康教程［M］. 天津：天津大学出版社，2019.

[4] 刘伟. 高校体育教育创新理念与实践教学研究［M］. 北京：九州出版社，2019.

[5] 王和鸣. 民族传统体育文化在大学生体育健康教学模式中的融合与发展［M］. 北京：北京工业大学出版社，2018.

[6] 王志斌，张扬，陈荣. 高校体育理论教程［M］. 南昌：江西人民出版社，2019.

[7] 邓勇. 高校体育［M］. 北京：科学技术文献出版社，2019.

[8] 卫民，宋志臣. 体育与健康［M］. 上海：上海交通大学出版社，2019.

[9] 张家彬. 高校体育课程文化构建研究［M］. 北京：中国商业出版社，2019.

[10] 王妍艳. 高校体育与科学训练［M］. 延吉：延边大学出版

社，2019.
[11] 孙宝国. 高校体育审美教育研究 [M]. 长春：吉林美术出版社，2017.
[12] 王建军，白如冰. 高校体育文化教育研究 [M]. 长春：吉林美术出版社，2017.
[13] 宋军. 高校体育保健课与体育教学 [M]. 成都：四川大学出版社，2018.
[14] 受中秋，王双，黄荣宝. 高校体育教育发展与改革探究 [M]. 长春：吉林大学出版社，2018.
[15] 马鹏涛. 高校体育教学改革创新与科学化训练研究 [M]. 北京：新华出版社，2018.
[16] 周春娟. 高校体育教学的影响因素分析与改革探索 [M]. 青岛：中国海洋大学出版社，2018.
[17] 唐丽霞. 高校体育教学与管理 [M]. 北京：兵器工业出版社，2019.
[18] 赵益鑫，费郁红. 现代高校体育教程 [M]. 北京：北京体育大学出版社，2018.
[19] 李梁华，宋涛，张丹. 高校体育与实践 [M]. 南昌：江西人民出版社，2018.
[20] 杨波，刘日良，朱明月. 高校体育教育 [M]. 北京：中国石化出版社，2018.
[21] 刘武军. 高校体育教学研究 [M]. 北京：现代出版社，2018.
[22] 徐丽，牛文英，韩博. 高校体育教学与实践 [M]. 北京：新华出版社，2018.
[23] 赵元罡. 高校体育课程设计研究 [M]. 延吉：延边大学出版

社，2018.

［24］韦群杰，陈涛，王守森. 高校体育与健康分级教程［M］. 北京：新华出版社，2018.

［25］周斌. 高校体育与心理健康研究［M］. 北京：北京工业大学出版社，2018.

［26］徐霞. 高校体育训练与健康教育［M］. 延吉：延边大学出版社，2018.

［27］包娅，刘洋. 高校体育文化教育研究［M］. 北京：中国纺织出版社，2018.

［28］赵洪明，张力彤，吕然. 大学体育理论与实践［M］. 北京：电子工业出版社，2018.

［29］张潇潇，蒋旭军，李军. 体育教学理论与实践解读［M］. 北京：新华出版社，2018.

［30］沈建敏. 体育教学创新与运动训练研究［M］. 北京：新华出版社，2018.